CLEMENS MARSCHALL

# TATORT WIEN

Verbrechen, Mord und Totschlag.
Wahre Kriminalfälle

Brandstätter

# VORWORT
# ADELE NEUHAUSER

Ich wäre gerne auch weise
In den alten Büchern steht, was weise ist:
Sich aus dem Streit der Welt halten und
die kurze Zeit
Ohne Furcht verbringen
Auch ohne Gewalt auskommen
Böses mit Gutem vergelten
Seine Wünsche nicht erfüllen, sondern
vergessen
Gilt für weise.
Alles das kann ich nicht:
Wirklich, ich lebe in finsteren Zeiten!

Aus: Bertolt Brecht, *An die Nachgeborenen*

In den Siebzigerjahren war Wien eine unfreundliche und graue Stadt. Zumindest für mich. Ich lebte damals im Arbeiterbezirk Favoriten. An sich ein schöner Bezirk, doch die Last des Alltags war den Menschen anzusehen und sorgte für eine bedrückende Stimmung.

An gefühlt jedem dritten Fenster lehnte ein alter Mensch und pöbelte lautstark auf uns Kinder herab: „Wenn das alle machen würden, wie sähe unsere Stadt dann aus?" Dabei hatten wir doch gar nichts gemacht. Wir turnten nur auf den Teppichklopfstangen oder malten mit Kreide den Parcours für Himmel und Hölle auf den Gehweg, den wir dann hüpfend bezwangen. Das passte diesen grantigen Menschen nicht.

Wien fühlte sich zu dieser Zeit an, als wären alle zutiefst unzufrieden: ein guter Nährboden für Verbrechen jeder Art. Damals war Wien auch noch eine Spionagehochburg. Das letzte Bollwerk zum dunklen Osten.

Als Kind hatte ich das Gefühl, als bewegten sich die Menschen nicht aufrecht gehend, sondern als schlichen sie geduckt durch die dunklen Gassen. Für mich war Wien eine Stadt voll bedrohlicher Geheimnisse.

Und da war noch mehr. Überspitzt könnte man sagen: Leichen pflasterten meinen Schulweg. Jeden Morgen hatte ich eine kleine Prüfung zu bestehen. Mein Weg führte mich an einer Bäckerei vorbei, aus der es immer verführerisch duftete. Manchmal konnte ich nicht widerstehen und kaufte mir von meinem Taschengeld eine Schaumrolle oder Biskotten, gefüllt mit Schokoladenbuttercreme. Köstlich!

Doch nur ein paar Hundert Meter weiter, an einer schäbigen Ecke, lag ein Wirtshaus. Nicht selten war die Kreuzung von einem Aufgebot an Polizisten bevölkert, die wegen einer Schlägerei zum Einsatz gekommen waren. Und einmal lag sogar eine Leiche vor dem Eingang, notdürftig bedeckt mit Packpapier. Eine Messerstecherei war der Grund für das schaurige Ende dieses Gastes. Eine Blutspur auf dem Trottoir zeugte von der tödlichen Attacke.

Ein anderes Mal fuhr ich mit der Straßenbahn zurück nach Hause. An der Haltestelle Südtirolerplatz öffneten sich die Türen der Straßenbahn. Ganz hinten wollte ein junger Mann aussteigen. Doch plötzlich fiel er in sich zusammen und stürzte aus dem Wagen auf die Straße. Ein Mann hatte auf ihn geschossen und rannte sogleich davon. Die Türen schlossen sich, die Straßenbahn fuhr weiter. Alles ging so schnell, dass ich erst später realisierte, was da gerade Schreckliches passiert war.

Warum mussten diese beiden Menschen ihr Leben lassen?

Was ging diesen Verbrechen voraus?

War der Grund ein geplatztes, windiges Geschäft, war es verletzter Stolz, war es Eifersucht, oder einfach „nur" ein „Unfall", durch den diese Männer ihr Ende auf dem kalten Boden fanden?

Es ist schon interessant, dass ein Verbrechen sofort unsere Fantasie ankurbelt und wir uns die wüstesten Geschichten ausdenken. Es ist aber auch spannend, darüber nachzudenken, was letztendlich den Ausschlag dafür gibt, dass jemand das fünfte Gebot, „du sollst nicht töten", bricht. Es ist sicher nicht leicht, jemanden zu töten. Auch, wenn es in Filmen manchmal so aussieht.

Die schaurige Lust an Verbrechen scheint Hochkonjunktur zu haben. Auf fast allen Fernsehkanälen laufen Krimis en masse. Seit einigen Jahren trage ich als „Tatort"-Kommissarin dazu bei, dass Verbrecher ihrer gerechten Strafe zugeführt werden. Mein Kollege Harald Krassnitzer und ich sind dabei ziemlich erfolgreich, zumindest virtuell.

Unlängst hatte ich Freunde zu Besuch, natürlich haben wir auch über den letzthin ausgestrahlten „Tatort" gesprochen. Da meinte meine Freundin: „Die Aufklärung eines Verbrechens ist wie Ostereier suchen. Ähnlich spannend, aber ein Ei findet sich halt doch leichter als ein Täter."

Ein kühner Vergleich – aber wenn man sich manche Verbrecher ansieht, erscheinen sie manchmal so unschuldig wie ein Ei, oder zumindest geben sie vor, unschuldig zu sein.

Sieht man Verbrechen in Gesichter geschrieben?

In einer – durchaus umstrittenen – Studie aus dem Jahr 2016 soll es zwei KI-Forschern der Universität Schanghai, Xiaolin Wu und Xi Zhang, gelungen sein, mit einem Computerprogramm anhand von Fotos der Gesichter von Personen die Wahrscheinlichkeit zu erkennen, ob jemand kriminell ist.

Eine gruselige Vorstellung, wenn wir aufgrund eines Algorithmus plötzlich in polizeilichen Gewahrsam genommen werden, weil wir angeblich ein Verbrechen planen oder schon ausgeführt haben – und dabei vielleicht nur einen schlechten Tag hatten, oder Magenkrämpfe, weshalb wir grimmig dreinschauen, woraufhin das Computerprogramm uns zu Kriminellen abstempelt. Im Wien der Siebzigerjahre wäre da womöglich jede zweite Person hinter Schloss und Riegel gekommen.

Wie wird man kriminell? So simpel diese Frage scheint, so komplex sind oft die Hintergründe. Es ist die psychologische Ebene, die mich in der Auseinandersetzung mit einzelnen Fällen und Stoffen besonders interessiert. Kein Mensch ist per se schlecht. Ich glaube, der Schritt zum Bösen geht über einen sehr, sehr schmalen Grat. Manchmal wird eine Person vielleicht auch erst schlecht gemacht, durch Umstände, gesellschaftlichen Druck.

Damals, in der Tristesse der Nachkriegszeit, könnte auch die Erziehung eine Rolle gespielt haben. Erziehung war ja noch stark mit Brutalität, mit Drohungen und mit martialischen Strafen verbunden. Kinder zu schlagen stand auf der Tagesordnung. Regiert wurde mit Angst: der Schrecken vor dem Lehrer, vor dem Pfarrer, und warte nur, bis der Vater nach Hause kommt!

Zur Vorbereitung für meine Rolle als „Tatort"-Kommissarin haben mein Kollege und ich an einem Trainingsprogramm der österreichischen Spezialeinheit Cobra teilgenommen. Diese Einheit wird nur gerufen, wenn es zu einer scheinbar ausweglosen Situation kommt. Die Aufgabe der Cobra besteht darin, erfolgreich zu sein, denn nach ihr gibt es keine Instanz, keine Einheit mehr, die in der Lage wäre, einen extrem gefährlichen Konflikt zu lösen. Diese Verantwortung muss man sich mal vorstellen, und die psychische Belastung, der diese Einheit ausgesetzt sein muss.

Am Ende des Trainingstages konnten wir auch mit scharfer Munition auf Pappfiguren schießen. Meine Hände waren zittrig und schweißnass aufgrund meiner schier unüberwindbaren Scheu, auf einen „Menschen" schießen zu müssen. Interessant: Die Schablonen stellten nur Männer dar.

Ich bin froh, gefährlichen Situationen nur in der Fiktion ausgeliefert zu sein, in der Realität wäre ich solch schrecklichen Herausforderungen wahrscheinlich nicht gewachsen.

Früher, als es meine Zeit noch erlaubte, saß ich gerne in Kaffeehäusern und beobachtete Menschen. Mit großem Vergnügen versuchte ich mir auszumalen, was der eine oder die andere wohl beruflich macht. Oder wie die Beziehung dieses Paares, das sich kaum unterhielt, geschweige denn ansah, wohl sein mochte. Würde diese Beziehung halten, oder standen sie schon kurz vor dem Ende? Viele Verbrechen geschehen aus Eifersucht oder verletzter Liebe. Oder – leider hat sich daran noch immer nichts geändert – aus purem Frauenhass, wie die erschreckend große Zahl an Femiziden zeigt.

Betrachten wir die Fotos in diesem Buch, werden wir vielleicht Muster erkennen, oder erschüttert sein, wie belanglos manchmal die Beweggründe für eine Straftat sind. Es ist jedenfalls spannend und erzählt uns auch viel über vergangene Zeiten, obwohl menschliches Unvermögen sich über Jahrhunderte nicht zu ändern scheint.

Beim „Tatort" achten die Drehbuchschreiber, Regisseurinnen und wir Schauspielende stark darauf, dass die Fälle einen realen Bezug haben und sich mit Themen auseinandersetzen, die uns und die Gesellschaft beschäftigen. Dabei stimmt die Binsenweisheit: Das Leben schreibt viel grausamere und absurdere Geschichten, als man sie sich jemals ausdenken könnte – das zeigen gerade auch die Fälle in diesem Buch. Zugleich sind sie auf bestimmte Weise immer auch ein Spiegel einer Gesellschaft, eines Zeitgeistes, und der Probleme, die sich hinter den Fassaden verstecken.

Die 1946 gegründete Fotoagentur Votava, heute Teil des Archivs von brandstaetter images, beinhaltet neben politischen und zeitgeschichtlichen Themen auch eine umfassende Dokumentation der Kriminalgeschichte. Zusätzlich zu den Aufnahmen selbst gibt die Beschriftung der Rückseite der Fotografien oft tiefe Einblicke in das Geschehen.

Er Er

Er erschlug seine Grossmutter aus Geldgie:
Der 18jährige Johann TASCHWER erschlug
seine 82jährige Grossmutter Maria HEMBACH.
um sich in den Besitz der Ersparnisse zu
die die alte Frau für ihr Begräbnis gesa
hatte. Sie wollte eine schöne Beerdigung
Taschwer hat die 2,600 Schilling, die ihm
die Hände fielen,bereits vertrunken. Hätt
die Polizei nicht so schnell den Achtzehn-
jährigen verhaftet, hätte er einen zweite
Mord begangen. Er wollte die Tante seines
Freundes ermorden, um die leere Kasse wie
aufzufüllen. Taschwer war überzeugt, eine
"perfekten Mord" begangen zu haben und gla
te nicht im entferntesten daran, dass die
Polizei auf seine Spur kommen werde. Er z
nicht die geringste Reue.
Foto V o t a v a          Wien, 24,1.5

Bild zeigt: Johann T a s c h w e r

9

Lokalaugenschein im Rahmen des Prozesses wegen des sogenannten „Senkgruben-Mordes" im Erziehungsheim Lindenhof der Stadt Wien im März 1970. Zwei Heimkinder hatten zwei Heimkollegen mit einer Axt erschlagen und in einer Jauchegrube versteckt. Der Lindenhof galt nicht nur als „Endstation" für besonders „schwer erziehbare", meist zuvor straffällig gewordene Jugendliche. Misshandlungen vonseiten der Erziehenden sollen in der als „Horrorheim" bekannten Anstalt in den 1960er- und 1970er-Jahren an der Tagesordnung gestanden sein.

# DER SCHNÖDE MAMMON

Für den schnellen Zaster über Leichen gehen – zwar kein edles Motiv, aber für viele doch ein verständliches. Trotzdem schrecken die meisten vor einer solchen Tat zurück, und nur ein Bruchteil zieht diese kompromisslose Form der Geldbeschaffung durch: als einmalige Gelegenheit, um aus einer Notsituation zu gelangen, oder serienmäßig, damit ein gewisser Lebensstandard gehalten werden kann; durchgeplant und kalkuliert, die Spuren stets verwischend und der Polizei einen Schritt voraus; oder plump und brutal, ohne einen längerfristigen Plan – eher darauf angelegt, irgendwann erwischt zu werden, damit der Spuk eine Ende nimmt.

# ADRIENNE ECKHARDT: DIE FLEISCHWOLF-MÖRDERIN

23. November 1952, spätnachts: Johann Arthold, ehemaliger König des Wiener Schleichhandels, liegt tot auf dem Steinboden in seinem eigenen Delikatessenladen: furchtbar zugerichtet, in einer riesigen Blutlache, neben einer umgeworfenen Holzkiste Bier. Sein Schädel ist zertrümmert, der Hals durchgeschnitten, sein Schlund offen. In jenem zwielichtigen Milieu, in dem Arthold sich herumtrieb, folgt auf den schnellen Aufstieg oft der tiefe Fall – das ist keine Neuigkeit. Doch mit der vagen Rahmenhandlung eines Film noir made in Wien wollen sich die Beamten nicht zufriedengeben: Die Ermittlungen zu den Hintergründen laufen bereits auf Hochtouren.

Johann Arthold kam 1908 als Sohn eines Kleinbauern in Prinzendorf, einer Ortschaft 60 Kilometer nordöstlich von Wien, zur Welt. Im Wien der Nachkriegsjahre entpuppte er sich als geschickter Schleichhändler und gelang innerhalb kurzer Zeit zu einem ansehnlichen Vermögen: Er hatte seinen eigenen Delikatessenladen an der Ecke Alser Straße / Lange Gasse im 8. Bezirk und war der ganzen Stadt für seine billigen Preise bekannt, die er aufgrund nebulöser Zusammenarbeit mit den Besatzungsmächten am Schwarzmarkt und im Schmuggel gewährleisten konnte – insbesondere für die Cadbury-

Schokolade, die er im großen Stil verkaufte: Bald wurde Arthold überall „Cadbury-König" genannt.

Der Vater zweier Kinder, der – eigentlich – mit seiner Frau Katharina Arthold in der Schottenfeldgasse 56 wohnte, hielt nicht viel davon, Geld auf die Seite zu legen, der lebenslustige und trinkfreudige Hallodri vergnügte sich lieber: Arthold baute sich seinen eigenen Rennstall auf, streifte durch einschlägige Etablissements und lebte in Saus und Braus mit mehr Freundinnen als Hausdienern. Die jungen Damen umwarben ihn: nicht unbedingt, weil er 1,65 Meter und eher mäßig attraktiv war, sondern weil er Nylonstrümpfe, schöne Kleider und Lebensmittel im hungernden Trümmer-Wien besorgen konnte. Arthold galt als „Schieber", als durchaus nennenswerte Nummer in der Wiener Unterwelt. Doch das Glück war nicht von ewiger Dauer – weder sein finanzielles noch sein existenzielles.

Seinen Höhepunkt hatte Arthold bereits um 1950 erreicht, danach musste der „Cadbury-König" das Zepter abgeben: Er hatte mehr Geld in seinen hedonistischen Lebensstil als in sein Geschäft gesteckt, sich selbst überschätzt und seine Ausgaben zum eigenen Vergnügen übersehen. Zudem hatte sich das Geschäftsleben um den „Schleich", den Schwarzhandel, verändert: Arthold musste seinen Reitstall verkaufen, Angestellte entlassen und seinen Privatchauffeur kündigen. Jux und Tollerei mit jungen Damen waren dem mittlerweile verarmten Greißler dennoch wichtig – und sei es nur, um den vergangenen Schein zu bewahren. Seinen Delikatessenladen hatte er bereits abgeben müssen, um in ein kleineres Geschäft ein paar Meter weiter zu ziehen: in die Alser Straße 7a, direkt in den Seitentrakt vom Landesgericht für Strafsachen Wien.

Im „Offiziellen Jahrbuch des Unterstützungsinstitutes der Bundes-Sicherheitswache 1960" wird Artholds Abstieg so zusammengefasst: „Ebenso rasch wie er sein Geld gewonnen hatte, hatte er es wieder verloren, als es im Schleichhandel in seiner Sparte nichts mehr zu verdienen gab. Er führte sein Delikatessengeschäft nur mehr schlecht und recht; [...] Arthold konnte sich in die neuen Verhältnisse nicht mehr hineinfinden, seine Frau musste mit Geldmitteln einspringen, um ihm sein Geschäft zu erhalten. Trotzdem war Arthold noch weiterhin Gast bei Heurigen und in Nachtlokalen."

Am Samstag, dem 22. November 1952, ging ein Ordnungshüter vom Landesgericht gegen ein Uhr nachts seine Runden. Beim Geschäft des ehemaligen Schokoladenkönigs merkte er, dass der Rollbalken unverschlossen und einen Dreiviertelmeter in der Höhe war, fand das aber nicht weiter ungewöhnlich: Den Nachtwächtern war bekannt, dass Arthold nach seinen Lokalbesuchen dort noch gelegentlich eine Jause und ein Bier in Begleitung zu sich nahm. Verdächtig schien ihm lediglich, dass im Geschäft kein Licht brannte. Der Wächter vermutete einen Einbruch und kontrollierte den Laden – um im Nebenraum ein schauderhaftes Szenario vorzufinden: den übel zugerichteten 44-jährigen Johann Arthold, der sich nicht mehr rührte.

Ermittlungen brachten zutage, dass der Wachmann bereits um 23.32 Uhr auf seiner Kontrollrunde an Artholds Geschäft vorbeigekommen war – da waren die Rollbalken allerdings verschlossen gewesen. Die Tat musste also in der kurzen Zwischenzeit passiert sein. Die Untersuchung des Tatorts wies nicht auf einen Einbruch hin, sondern darauf, dass Arthold mit seinem Mörder im Geschäft gesessen und dieser nach der Ermordung noch Hände und Kleidungsstücke gereinigt hatte.

In Artholds Tasche wurden zwei Straßenbahnfahrscheine gefunden, die beide kurz vor der Tat, Freitagnacht zwischen 23 und 24 Uhr, in der 38er-Bim – der Straßenbahnlinie 38 – von Grinzing Richtung Innenstadt entwertet worden waren. Am nächsten Tag wurden sämtliche Straßenbahnfahrer und -schaffner aufgespürt, die ihn möglicherweise noch gesehen haben könnten – und da zu so später Stunde nur mehr wenige Passagiere unterwegs waren, konnte sich eine Schaffnerin tatsächlich an einen Herrn erinnern, dessen Beschreibung auf Arthold zutraf: Sie bestätigte, dass er in der fraglichen Zeit in Grinzing zugestiegen war, und zwar in Begleitung einer jungen Dame.

Der Polizist, der die Leiche von Johann Arthold gefunden hat, vor dem Feinkostgeschäft des Opfers.

Das Nachtlokal, in dem Johann Arthold seine Mörderin traf. (l.)

Der Heurige Maly, in dem Opfer und Täterin vor dem Mord noch gemütlich ihre Vierteln Wein getrunken haben. (r.)

Eine gute Spur, aber die Polizei gab dennoch eine Zeitungsanzeige auf, um die Bevölkerung um Mithilfe zu bitten, anhand der detaillierten Aussagen der Schaffnerin Artholds Begleiterin zu identifizieren: 1,60 Meter groß, 30 bis 35 Jahre alt, schlank, mit blassem Teint, grellrot geschminkten Lippen, schönen Zähnen, glattem, blondem Haar. Eine braune Panofix-Pelzjacke hatte sie getragen, dazu Nylonstrümpfe und braune Sämischschuhe mit niedrigen Absätzen.

Erhebungen in Grinzing führten zur Gewissheit, dass die beiden von 20 bis 23 Uhr beim Heurigen Maly in der Sandgasse 8 einen gemütlichen Abend mit sieben Vierteln Wein verbracht hatten. Nach der Straßenbahnfahrt besuchten sie im 9. Bezirk noch ein Café, und ein Zeuge im 8. Bezirk konnte bestätigen, dass zwei Menschen in der Nacht Artholds Geschäft gemeinsam betreten hatten. Außerdem hatte Arthold vorgehabt, am 22. November einen

Schuldbetrag von 6000 Schilling abzuzahlen und am selben Tag von anderer Quelle ein Darlehen von über 10 000 Schilling aufzunehmen.

Die Polizei fahndete aufgrund der Brutalität des Mordes – es handelte sich immerhin um 40 Hiebe mit einem schweren Gegenstand samt Kehlendurchschnitt – nach einem männlichen Täter, wahrscheinlich aus dem Geschäftsumfeld des Opfers. Die blonde Dame wurde zwar gesucht, aber als Zeugin oder höchstens mögliche Komplizin geführt.

Am 23. November klapperten Beamte Artholds Stammlokale ab – und landeten bald im Rotlichtmilieu. Im Nachtlokal Filmhof in der Neubaugasse wurden die Ermittelnden besonders hellhörig: Zwei Bardamen konnten sich gut an Arthold erinnern – und auch daran, dass eine Kollegin namens Adrienne Eckhardt, eine 23-jährige Säuglingsschwester und Kinderpflegerin, die im Café als Animierdame arbeitete, in letzter Zeit viel mit ihm unterwegs gewesen war.

Eine andere Quelle meint, dass Kommissar Zufall Regie geführt habe und zwei Prostituierte, die wegen eines Diebstahls festgenommen worden waren, die nötigen Hinweise gegeben hatten. Sinngemäß sollen diese gesagt haben: „Um jeden Dreck kümmert's ihr Kieberer euch, aber um den Mord an Arthold nicht!" Die Beamten fragten nach, bis die beiden Dirnen ein Mädchen erwähnten, das im Café Filmhof verkehrte und mit Arthold gut bekannt sei.

Wie auch immer: Die Beamten besuchten Adrienne Eckhardt in der Neustiftgasse 54, wo sie bei einem ehemaligen Artisten auf Untermiete wohnte. Nicht nur war sie blond, schlank und im richtigen Alter, es konnten auch an ihrer Pelzjacke und an ihren Schuhen Blutflecken sichergestellt werden: Noch am selben Tag wurde sie verhaftet. Zuerst bestritt sie jeglichen Zusammenhang mit der Tat, doch mit den Blutspuren konfrontiert, brach sie in Tränen aus und erzählte, wie alles abgelaufen war – in ihrer ersten Version. Ja, sie wäre bei Arthold im Geschäft gewesen, und ja, sie hätten gemütlich gemeinsam getrunken, bis es plötzlich an der Eingangstür klopfte. Auf Geheiß Artholds habe sie aufgemacht, und ein 1,75 Meter großer, schlanker Mann in einem Dufflecoat mit Kapuze (ein damals äußerst moderner Mantel, den jeder

# DIE BLONDE DAME WURDE ZWAR GESUCHT, ABER ALS ZEUGIN ODER HÖCHSTENS MÖGLICHE KOMPLIZIN GEFÜHRT.

trug, der es sich leisten konnte, und der durch Graham Greenes Filmklassiker „Der dritte Mann" Kultstatus erlangt hatte) begrüßte den „Cadbury-König" mit den Worten: „Servus, alter Gauner!"

Arthold schien den späten Besucher also zu kennen, ihr war er gänzlich unbekannt. Der Neuankömmling setzte sich dazu, sie palaverten dahin und tranken ihr Bier. Dann habe der mysteriöse Mann im Dufflecoat plötzlich eine Schuldenrückzahlung von Arthold gefordert – der habe beteuert, er wäre momentan nicht liquide, was mit den bisherigen Ermittlungsarbeiten übereinstimmte: des entthronten Königs ständiges Jonglieren mit verschiedenen Darlehen und Rückzahlungen.

Im Zuge dieses Disputs soll der Schuldeneintreiber plötzlich einen Gegenstand aus seiner Tasche gezogen und Arthold damit niedergeschlagen haben. Danach habe er Eckhardt befohlen, Artholds Körper umzudrehen – daher die Blutspuren. Anschließend habe er sie gezwungen, ein Messer zu holen, mit dem er auf Arthold eingestochen habe; danach hatte sie es zu reinigen, woraufhin er sie angeschnauzt habe, zu verschwinden. Der Mörder sei allein zurückgeblieben.

Warum sie nicht sofort zur Polizei gegangen sei? Weil sie bereits wegen Betrugs eine Vorstrafe ausgefasst hatte und ihr ohnehin niemand glauben würde, sagte Eckhardt schluchzend. Die Beamten blieben skeptisch, konnten aber weder ihre Aussagen widerlegen noch die Tatwaffe sicherstellen. Dafür wurde eine Fahndung nach dem ominösen Herrn im Dufflecoat eingeleitet. Dieser unbekannte „Mr. Dufflecoat" löste in der Bevölkerung eine wahre Hysterie aus: Jeder Zweite glaubte, den Bösewicht gesehen zu haben, und alarmierte die Polizei – die aber irgendwann einsah, dass der Täter wohl nicht so unbedarft wäre, im gesuchten Outfit durch Wien zu spazieren. Meldungen kamen auch aus Haftanstalten, wo Insassen meinten, die Identität des gesuchten Herrn mit Sicherheit zu kennen: womöglich eine willkommene Abwechslung im tristen Gefängnisalltag.

Bald stellte sich heraus, dass nicht nur Arthold in finanziellen Nöten war – sondern viel mehr noch Eckhardt: Sie verdiente kaum Geld im Etablissement Filmhof, weil sie nicht mit Freiern aufs Zimmer ging, sondern als reine „Animierdame" arbeitete. So war sie schon oft im Pfandhaus gelandet, um persönliche Gegenstände zu versetzen: das letzte Mal nur wenige Stunden vor der Ermordung Artholds. Komischerweise aber konnte sie bereits am Folgetag ins „Pfandl" gehen, um eine ihrer Uhren auszulösen, und Lebensmittel für mehrere Tage kaufen. Als die Polizei Eckhardts Wohnung durchsuchte, wurde zudem eine beträchtliche Menge Waren aus Artholds Delikatessenladen sichergestellt.

Sie sah sich nun zu Teilgeständnissen gezwungen, doch zugegeben wurde nur, was keinesfalls mehr abgestritten werden konnte. Eckhardt gab an, der Mann im Dufflecoat habe sie unter Androhung ihrer Ermordung dazu gezwungen, Geld aus der Kassa und Lebensmittel mitzunehmen, um die missglückte Schuldeneintreibung wie einen Raubmord aussehen zu lassen. Gemordet hätte aber der Eindringling – nicht sie. Die Beamten kamen mit Eckhardt nicht weiter und bissen sich an ihren verschiedenen Versionen die Zähne aus. Man ließ das Verhör vorerst Verhör sein.

Am 2. Dezember 1952 wurde Johann Arthold unter den Augen von tausend Schaulustigen, zahlreichen Journalisten und einigen wenigen wirklich Trauernden am Zentralfriedhof beigesetzt. Zwei Tage danach soll Hofrat Dr. Heger, ein alter Fuchs, Eckhardt in einem Verhör die scheinbar harmlose

Reporter beim Prozess gegen Adrienne Eckhardt im Wiener Landesgericht.

Frage gestellt haben, ob sie das Licht im Delikatessenladen abgedreht habe, bevor sie gegangen war: Sie antwortete mit einem klaren „Ja" – und war damit in die Falle getappt: Denn wie sollte sich der zurückgelassene Mr. X im Dufflecoat allein im Dunkeln zurechtgefunden haben?

Die Schlinge um Eckhardts Hals wurde enger, und am 4. Dezember 1952 – nach intensiven Verhören über fast zwei Wochen – legte sie ein Geständnis ab: Ihr Opfer hatte sie bereits als junges Mäderl kennengelernt, weil sie in der Nähe seines alten Geschäfts gewohnt hatte und mit ihrer Mutter oft bei ihm einkaufen war. „Mein Engerl" habe er sie genannt und sie getätschelt, während er ihr eine Tafel Cadbury zusteckte. Als sie später – nunmehr ein junges Fräulein ohne mütterliche Begleitung – in den Laden ging, bekam

Beim Prozess gegen Adrienne Eckhardt im März 1953. (o.)

Auch der präparierte Schädel des Mordopfers wird präsentiert, im Hintergrund zu sehen ist die Angeklagte. (u.)

sie keine Schokolade mehr, sondern Nylonstrümpfe und wurde zu Feiern und Pferderennen eingeladen. Sexuell lief nie etwas zwischen den beiden, beteuerte sie, eher diente die junge Begleiterin dem gesetzten Herrn zum Eindruckschinden, wenn er bei Rennbahnbesuchen dubiose Geschäfte einfädelte.

Eckhardt gab zu Protokoll, Arthold hätte sie aber dann doch einmal in sein altes Geschäft eingeladen, wo er bereits mit einer Prostituierten gewartet hätte, um sie zu „widernatürlichen" Handlungen zu zwingen. Sie habe sich gewehrt und Arthold ein paar Ohrfeigen verpasst, von der anderen Dame sei sie ausgelacht worden. In Eckhardt sollen ab diesem Moment Rachegedanken gesprossen sein. Als er sie Jahre später – im November 1952 – zum Heurigen einlud, habe sie plötzlich wieder die Abscheu gepackt und sie habe beschlossen, ihn ein für alle Mal loszuwerden.

Von einer Tötung im Affekt konnte allerdings keine Rede sein, hatte sie doch die spätere Mordwaffe (unter Artholds Wissen) schon im Vorhinein in der Delikatessenhandlung deponiert: den Fleischwolf ihres Vermieters. Dieses wuchtige Gerät hatte nicht nur den Zweck, Arthold den Kopf einzuschlagen, sondern diente Eckhardt auch als Vorwand, nach dem Heurigenbesuch gemeinsam ins Geschäft zu gehen, um es wieder abzuholen. Nach der Tat reinigte sie den Fleischwolf und brachte ihn zurück an seinen Platz. Ihr Mordmotiv wäre also nicht Geldnot, sondern tiefer Hass gewesen, lautete ihr erstes Geständnis, um mit mildernden Umständen zu spekulieren. Später gab sie zu, dass sie von ihrer finanziellen Notlage angetrieben worden war. Am 15. Dezember 1952 wurde sie ins Landesgericht für Strafsachen Wien überstellt: direkt am Tatort gelegen.

Dort begann der Prozess am 23. März 1953 um 9 Uhr und sorgte für mediales Gepolter: eine zierliche, junge Dame als brutale „Fleischwolf-Mörderin", der man ein „Engelsgesicht" attestierte, die aber doch „aus dem Milieu" kam, lockte nicht nur den Boulevard, sondern auch unzählige private Gerichtskiebitze an. Vor Verhandlungsbeginn waren bereits 3000 Ansuchen für den 300 Menschen fassenden Saal eingelangt. Was die Sensationslust zusätzlich anheizte, war, dass Adrienne Eckhardt angab, im fünften Monat schwanger zu sein – von einem gewissen Hubert Fleischer: ebenso kein unbekanntes Gesicht im Wiener Nachtleben, das gerade wegen Kinderschändung gesucht wurde. Und um das Mordopfer nicht zu vergessen: ein gefallener König im Nachkriegs-Wien der Nachtschattengewächse.

Etwa 2000 Menschen stellten sich vor dem Gerichtsgebäude die kalte Nacht über ihre Beine in den Bauch, um einen Platz zu ergattern; andere waren im „Schleich" fündig geworden, wo die Tickets zu Preisen von Opernkarten herumgingen. „In den dichtgedrängten, großen Schwurgerichtssaal wird die Angeklagte unter dem Kreuzfeuer der Fotografen geführt. Schuldig des Raubmordes oder nicht?", hieß es in einem Nachrichtenbeitrag. Im Prozess änderte Eckhardt ihre Strategie abermals: Auf einmal sprach sie von einem ihr unbekannten Täter, dem sie lediglich „assistiert" hätte – allerdings nicht vom Herrn im Dufflecoat, sondern von einem gewissen Constantin Bertini, einem italienischen Morphiumhändler griechischer Abstammung, den sie im September 1952 im Moulin Rouge kennengelernt haben wollte. Er soll den strauchelnden Arthold mit Stoff versorgt haben, der in dieser Branche einen neuen Geschäftszweig witterte. Nur blieb Arthold Bertini Geld schuldig, und

WAS DIE SENSATIONSLUST
ZUSÄTZLICH ANHEIZTE, WAR,
DASS ADRIENNE ECKHARDT ANGAB,
IM FÜNFTEN MONAT SCHWANGER
ZU SEIN – VON EINEM GEWISSEN
HUBERT FLEISCHER.

der animierte Eckhardt dazu, den einstigen Schokoladenkönig in betrunkenem Zustand in sein Geschäft zu bringen, wo Bertini sich die Schulden zurückholen wollte. Dort aber habe Bertini ihn plötzlich mit dem Fleischwolf attackiert.

Bertinis Existenz war genauso dubios wie die des „Mr. Dufflecoat": Keiner der beiden konnte je gefunden werden, doch die Zeitungen triumphierten mit Meldungen wie „Adrienne Eckhardts neueste Enthüllung: Der Name des Mörders", „Adriennes Freund Bertini existiert" oder „Ich kenne Bertini". Das „Wiener Abendblatt" schrieb bereits am 2. März 1953 über das Verhalten der Medien: „Während im Landesgericht die Vorbereitungen für den am 23. März 1953 beginnenden Mordprozess gegen Adrienne Eckhardt getroffen werden, hat die ‚Weltpresse' unter krassem Bruch der bestehenden gesetzlichen Vorschriften ein Kesseltreiben begonnen, um die Geschworenen in einem bestimmten Sinn zu beeinflussen und durch offensichtlich falsche Spuren irrezuführen. Wie wir erfahren, beschäftigt sich die Staatsanwaltschaft bereits mit diesem in der Wiener Journalistik einzig dastehenden Fall eines Eingriffes in ein schwebendes Verfahren."

Im Lauf des Prozesses wurde als makabres „Gustostückerl" Artholds mit Schrauben und Drähten zusammengehaltener Schädel in den Verhandlungssaal gebracht und durch die Hände der Geschworenen gereicht, gefolgt von einem mit Spiritus gefüllten Einmachglas, in dem Artholds Kopfhaut konserviert war. Ein Schauprozess, wie man ihn kaum spektakulärer hätte inszenieren können. In den Verhandlungspausen zogen sich die Geschworenen zurück – und die Zuschauer tauschten sich bestens unterhalten beim Büffet aus, das man im Gericht bereitgestellt hatte.

Vertreten wurde Eckhardt von einer Legende unter den österreichischen Strafverteidigern: Michael Stern. Die Mandantin reagierte ausschließlich auf die Fragen ihres eigenen Anwalts – die des Staatsanwalts ließ sie konsequent unbeantwortet, wozu ihr Michael Stern geraten hatte: ein Skandal, der als Beschwerde bei der Anwaltskammer landete.

Doch keine Verteidigungsstrategie konnte Eckhardt vor der Urteilsverkündung am 25. März 1953 bewahren: Sie wurde einstimmig des meuchlerischen Raubmords schuldig gesprochen. Das Urteil lautete auf Höchststrafe:
lebenslänglich, schwerer Kerker, verschärft durch hartes Lager alle drei Monate und Isolationshaft an jedem Jahrestag ihres Verbrechens.

Vier Monate später, am 13. Juli 1953, wurde – und das ist doch ihrem
Anwalt geschuldet – Eckhardts Urteil von lebenslänglich auf 20 Jahre herab-
gesetzt. Die Gründe dafür: ihr junges Alter, ihre Notlage, ihre bisherige Un-
bescholtenheit – und eine zur Tatzeit gegebene Schwangerschaft, die sie be-
einflusst haben könnte. Ihr Kind Sissi kam während der Haft zur Welt, und
1967 wurde Adrienne Eckhardt im Zuge der Weihnachtsamnestie vorzeitig
entlassen. Fortan lebte sie unter anderem Namen.

Der Fall inspirierte nicht nur Medien und Hobbydetektive, sondern
auch potenziell gefährliche Mitwisser: Als der Fleischwolf-Mord das Stadtgespräch schlechthin war, wurde Anna Erdmann von ihrem Gatten Edmund
Erdmann dabei ertappt, ebenfalls einen solchen vorzubereiten. Es gelang
ihm, die Tat zu vereiteln, doch im April 1955 schnitt die bereits mehrmals in
der Psychiatrie Am Steinhof behandelte Anna Erdmann in der Vorgartenstra-
ße 140–142 im 20. Bezirk ihrem Mann die Kehle durch und wurde nach diesem Mord erneut in eine Anstalt gebracht. Sie litt an Verfolgungswahn und
hatte schon mehrere Selbstmordversuche hinter sich.

Adrienne Eckhardt, von den Medien die „Mörderin mit dem Engelsgesicht" genannt, bei der Einvernahme im Gerichtssaal.

# MAX GUFLER: DER BLAUBART VON ST. PÖLTEN

Max Guflers Unterkunft am Kupferbrunnberg in St. Pölten gleicht eher einem Warenlager als einem Zuhause: Die Räumlichkeiten sind vom Boden bis zum Plafond vollgeräumt. Zwischen Waschmaschinen, Fahrrädern, Gemälden, Möbeln und allen möglichen Haushaltsgeräten liegen 15 Koffer, 28 Damenhöschen, elf Zahnprothesen sowie zahlreiche Likörflaschen und Schmuckgegenstände. Kein Wunder, dass Gufler keinen zweiten Schlüsselbesitzer duldet und das Glas bei der Eingangstür mit einer Decke verhängt hat. Nur, was macht ein bekennender Antialkoholiker und Junggeselle mit einer Spirituosensammlung und Damenunterwäsche? Was steckt hinter der Fassade des harmlos wirkenden Herrn mit Dackelblick und Wohlstandsbäuchlein?

Seine Sammlung passt wie die Faust aufs Auge, denn Max Guflers Mutter war Altwarenhändlerin und Lumpensammlerin: eine Profession, die der Sohn auf seine eigene Art weiterführen sollte. Er wurde 1910 in Rum bei Innsbruck geboren und wuchs in äußerst bescheidenen Verhältnissen auf. Sein Vater starb, als er noch keine zwei Jahre alt war. Mit neun zog er sich bei einem Unfall schwere Schädelverletzungen zu, seither wurde er immer wieder von plötzlichen Gewaltausbrüchen gepackt. Im Zweiten Weltkrieg kam Gufler als Ambulanzfahrer zur Wehrmacht, im Kriegsgeschehen erlitt er durch Granatsplitter weitere Blessuren am Kopf.

Nach Kriegsende schlug er sich als Friseur, Gärtner und mit verschiedenen Hilfsarbeiten durch, bis er in Wien Emilie Meystrzik kennenlernte: Sie war offiziell Dolmetscherin und machte einen überaus korrekten Eindruck, in Wirklichkeit hielt sie sich als Prostituierte über Wasser. Sie wohnte in der Novaragasse 36a, direkt am legendären Cabaret Renz, und war im Rotlichtmilieu unter dem Namen „Nasenpeter" bekannt. Am 12. März 1952 wurde sie halbnackt erdrosselt in ihrer Wohnung aufgefunden. Als Hauptverdächtiger galt ihr Neffe. An einem etwas untersetzten Geschäftsmann, den die Nachbarn zuletzt öfter mit Meystrzik gesehen hatten, schien die Polizei nicht interessiert zu sein. Doch mit dem Neffen kam man auch nach einjähriger Untersuchung nicht weiter, und so landete die Ermordung von Emilie Meystrzik bei den ungeklärten Akten.

Es sollte noch lange dauern, bis man Gufler auf die Schliche kam. Sein erstes Mordopfer entsprach nicht Guflers typischem Beuteschema, seine bevorzugten Opfer waren betuchte Witwen. Er ging dabei schonungslos und gerissen vor, versprach den Frauen, die er meist über Zeitungsannoncen kennenlernte, das Blaue vom Himmel und gab sich als treuherzige, harmlose Seele aus: „Ernst denkender Mann, 47/165, kein Schürzenjäger, Nichtraucher, Nichttrinker, sehr strebsam, sucht Ehekameradin, die ihm zu einer Existenz verhilft. Bin ledig, ohne Anhang, zu jeder Arbeit zu gebrauchen. Wo ist die Frau, der ich Stütze sein kann? Antworten unter ‚Treu und verläßlich'." Weitere typische Schmachtzeilen lauteten „Einsames Herz sucht ebensolches", „Wo bist Du, die Du mir Liebe gibst?", oder er annoncierte unter der schlichten Chiffre „Glücksfahrt".

Männer waren nach dem Zweiten Weltkrieg nicht im Überfluss vorhanden, viele Frauen aber auf der Suche. Dass Gufler wie ein argloser Mann aussah und mit einer Größe von 1,65 Meter kaum bedrohlich wirkte, kam ihm dabei zupass. In seinem Umkreis wurde er als unauffällig beschrieben, fast sogar spießig: ein nicht unsympathischer Mittvierziger mit guten Umgangsformen.

DIE "TEUFELS-DROGE" DES MASSENMÖRDERS:
das prompt wirksame Schlafmittel SONIFEN,
das Gufler in Weichselschnaps oder in prä-
parierten Bonbons seinen Opfern serviert hat,
um sie dann ~~imxximxxGxxxxxxx~~ -ohne Widerstand
fürchten zu müssen - ertränken zu können.
Die Droge hatte Gufler sich durch gefälschte
Rezepte verschafft.
Drei volle Packungen sind bei der Verhaftung
beschlagnahmt worden - eine Menge, die aus-
reichte, mehrere Dutzend Leute zu betäuben.

Einblick in Max Guflers todbringende Spirituosensammlung.

So lernte Gufler Auguste Lindebner kennen, die Tochter eines Trafikanten in Schwaz in Tirol. Er begann bald im Geschäft des künftigen Schwiegervaters auszuhelfen, wo er verbotenes pornografisches Bildmaterial angeboten haben soll, was angeblich zu Scherereien führte. Gufler spielte den liebenden Partner, doch in Wirklichkeit lag ihm rein gar nichts an seiner Braut. Am 16. April 1952 war sie plötzlich tot – doch niemandem schien das damals verdächtig.

Kurze Zeit darauf meldete Gufler seinen Hauptwohnsitz in der Kupferbrunnstraße 3 in St. Pölten an, wo er bei einem Ehepaar zur Untermiete lebte – und schon eine andere Trafikantin eingekocht hatte: die 37-jährige Witwe Herta J. Offiziell war er als Waschmaschinen- bzw. Staubsaugervertreter tätig, doch bereits ein gnadenloser Profi in seiner eigentlichen Profession: als Heiratsschwindler. Unter falschen Vorwänden luchste er seinen Opfern ihre Vermögen ab, und sobald er das hatte, lud er sie auf Hochzeitsreise ein: ihre letzte Reise. In den Flitterwochen betäubte er seine Bräute mit Likören, die er mit dem Barbiturat Somnifen versetzt hatte. Diese hübsch etikettierten Fläschchen zog er bei Autotouren mit seinem imposanten DKW 1000 durch schöne Landschaften in Wassernähe an einsamen, romantischen Örtchen aus seinem Vertreterkoffer und schenkte großzügig ein. Er übersprang die Runde – schließlich hatte er sich in den Annoncen als Nichttrinker vorgestellt, und seine Liebe sei auch ohne Zusatzstoffe stark genug, versicherte er seinen Begleiterinnen. Die waren beeindruckt von seiner Standhaftigkeit – und gaben nach einer Viertelstunde die ihre vollkommen auf, als das Somnifen sie betäubt hatte. Die bewusstlosen Frauen schleppte er ins Wasser, ertränkte sie und ließ sie liegen: mit dem Ziel, es wie Selbstmord aussehen zu lassen.

Die Fälle häuften sich: Maria Robas wurde von einem Vagabunden beim Schwammerlsuchen im steirischen Kaltenbachgraben entdeckt, sie war bereits stark verwest. Die Gerichtsmedizin kam zu dem Ergebnis, dass die Frau ertrunken war – in einem seichten Bächlein, was den Beamten dann doch verdächtig vorkam. Über diesen Fall kam man Gufler auf die Spur und fand heraus, dass er nach ihrem Tod Schecks „im Namen der Frau Robas" eingelöst hatte. Am 31. Oktober 1958 ersuchte das Landesgendarmeriekommando Kärnten die Polizei in St. Pölten darum, Max Gufler wegen des Verschwindens von Maria Robas zu befragen. Der „Waschmaschinenvertreter" wurde unter dringendem Tatverdacht festgenommen: mit der Anschuldigung, seit Kriegsende 18 Frauen auf dem Gewissen zu haben.

Der Fall Gufler wurde zu einem der größten der Zweiten Republik – und führte die Ermittler zu gigantischen Warenlagern in seiner Wohnung und einer angemieteten Garage, die neben Tonnen von gestohlenen Gegenständen auch einige mit Somnifen versetzte Schnapsflaschen beherbergten. Die Wohnstätten seiner Opfer hatte er nach deren Tod stets bis aufs letzte Körnchen ausgeräumt: Es sah aus, als wären sie delogiert worden. Die rund 3500 Diebesstücke wurden in der Turnhalle des St. Pöltner Gendarmeriekommandos aufgelegt, um sie den Hinterbliebenen zu zeigen und etwas Klarheit über das unüberschaubare Sammelsurium zu erhalten. Man fand auch Gegenstände, die eindeutig Emilie Meystrzik gehört hatten. Sie war das einzige Gufler-Opfer, das er nicht ins Wasser gelegt und „sterben lassen", sondern erwürgt hatte. Aber auch bei Meystrzik konnte die Gerichtsmedizin eine vorhergehende Verabreichung von Somnifen feststellen.

Die Zeitungen schrieben vom „Teufel aus St. Pölten" und stellten die Frage: „Ist Max Gufler ein Massenmörder?" Er selbst arbeitete brav am Mythos mit: Vor der Verhandlung gestand er sämtliche ihm vorgeworfene Taten und noch mehr, doch während des Prozesses leugnete er plötzlich wieder alles. Warum er sie bereits gestanden habe, wollte der Richter wissen. Gufler sagte, es habe einen traurigen Beamten gegeben, der ihn damals verhört hätte, und der hätte ihm leidgetan, besonders, als dieser zu weinen begonnen habe – und Gufler könne eben keine Tränen sehen. Aus diesem Grund habe er zu allem Ja und Amen gesagt und – „G'schichteln druckt", Geschichten erzählt.

Gufler machte den Eindruck eines verhinderten Schauspielers und nicht eines skrupellosen Mörders. Er gab sich als gekränkte Diva, spielte mit

Gufler beim
Verlassen eines
Gefangenenautos.

dem Gerichtspublikum, seine Geständnisse und Widerrufe glichen einem
außer Kontrolle geratenen Katz-und-Maus-Spiel. Es war schwer, seiner Argumentation zu folgen, aber er grinste überzeugend in der Meinung, einen
guten Auftritt auf seiner Bühne zu liefern: eine groteske Gerichtsposse mit
tragischem Hintergrund.

Die Verhandlung am Wiener Landesgericht im April 1961 erwies sich
als sehr aufwendig und zog sich mit 65 Zeugenbefragungen und einem Aktenumfang von 16 500 Seiten über vier Wochen hin. Die Wiener Gerichts-

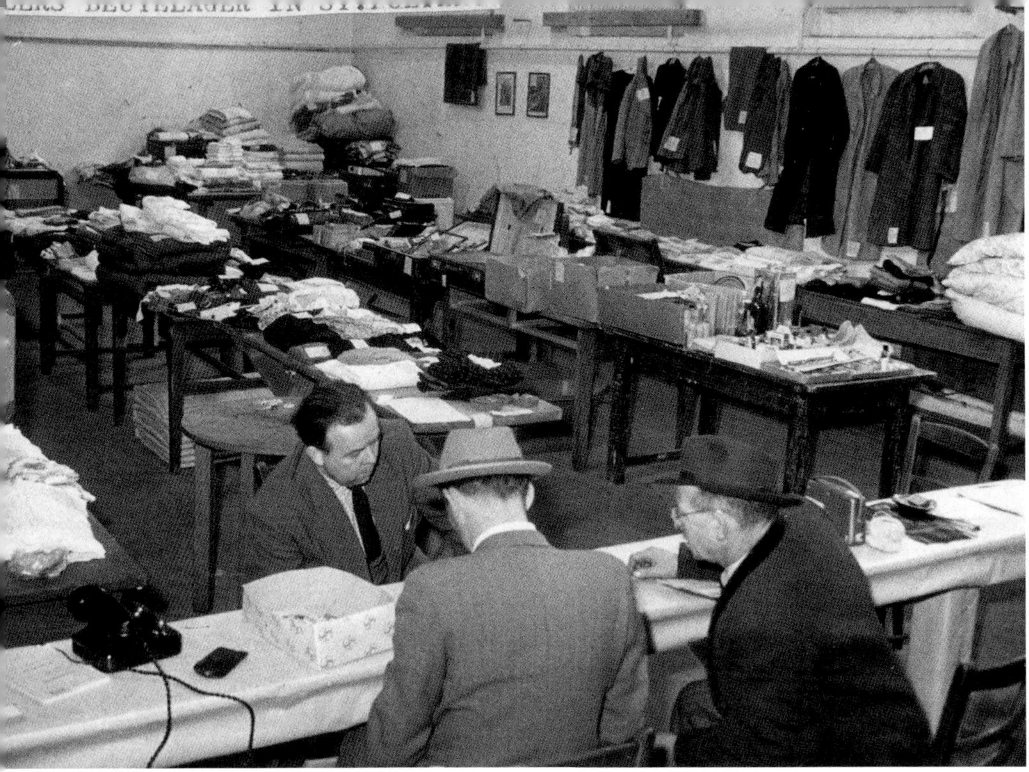

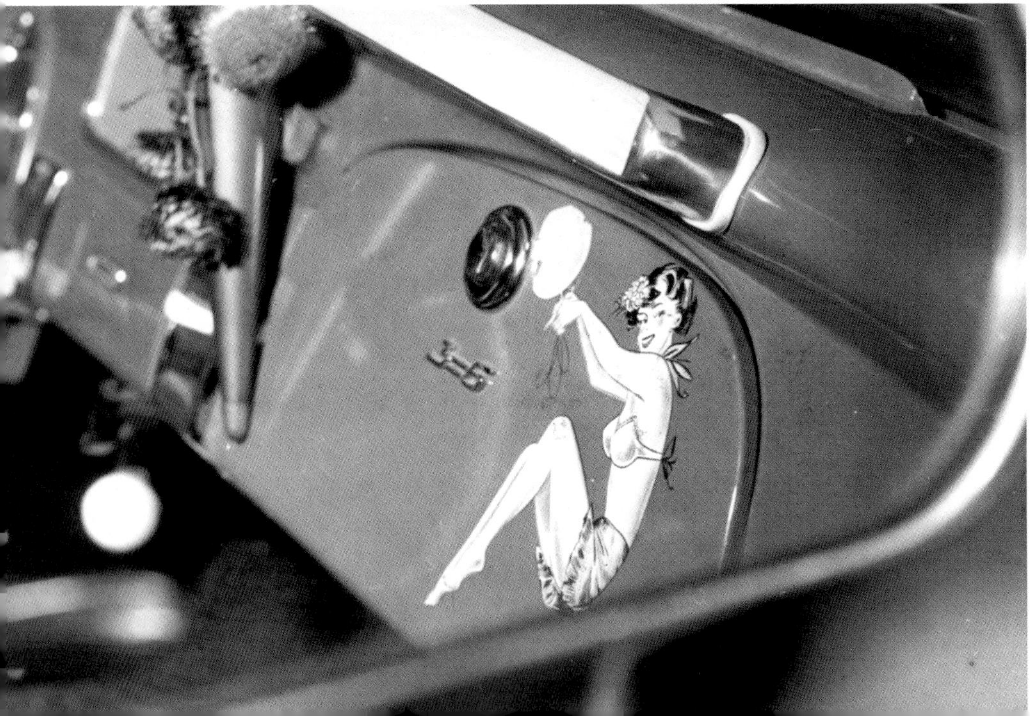

Das Beutelager des Serienmörders Max Gufler in St. Pölten. (l. o.)

Mit diesem Auto kutschierte Max Gufler seine Opfer vom einen zum anderen romantischen Plätzchen – das Ziel war oft fatal. (l. u.)

Guflers Wohnort in St. Pölten. Der Pfeil auf der Aufnahme markiert das Fenster seiner Wohnung. (r.)

medizin entwickelte extra ein weltweit neues Verfahren, wodurch verschiedene Schlafmittel getrennt und in Folge einzeln bestimmt werden konnten. Beim Prozess konnten Gufler letztlich „nur" vier Morde, zwei Mordversuche sowie zahlreiche (Heirats-)Schwindeleien nachgewiesen werden. Das reichte allerdings für die Verurteilung zu lebenslanger Haftstrafe. Die Morde waren für Gufler reine Einnahmequelle gewesen, um Sexuelles war es ihm nie gegangen, das hatte er geradezu vermieden, auch Frauenhass war kein Motiv. Gufler war ein Mann, der – fast möchte man sagen: aus pragmatischen Gründen – über Frauenleichen ging: für ihn eher Beruf als Berufung.

Die Dunkelziffer seiner Opfer blieb in einem schwindelerregenden, zweistelligen Bereich, denn was in den Jahren zwischen 1952 und 1958 – allein in diesem Jahr konnten ihm drei Morde nachgewiesen werden – passierte, bleibt Gegenstand für Spekulationen. Fakt ist, dass bei zahlreichen weiteren exhumierten Todesopfern Somnifen nachgewiesen werden konnte. Doch mit der Wahrheit hatte es Gufler nicht so, und es war ihm nicht auf die Schliche zu kommen, was er tatsächlich zu verantworten hatte. Nach der Urteilsverkündung schaffte es der Theatraliker noch, ein paar Tränen aus seinen Augen zu drücken. Ein Betrüger sei er, ja, aber doch kein Mörder! The show must go on.

Er kam in die Justizanstalt Stein in Krems für Langzeithäftlinge und arbeitete in der dortigen Druckerei. Am 9. August 1966 starb Max Gufler in Haft an einem Herzmuskelschaden. Zuvor hatte er noch vergeblich versucht, die Wiederaufnahme seines Verfahrens zu erreichen.

Nachdem er festgenommen worden war, wurde er – nicht nur – zum Stadtgespräch und Pressestar, sondern es grassierten auch eigene Gufler-Witze, und bisweilen konnte man Sprüche hören wie: „Hör auf, oder ich mach den Gufler!" Er hatte den Spitznamen „Blaubart" bekommen, nach dem gleichnamigen Märchenkönig und Frauenmörder, der übrigens auch H. C. Artmann – schon vor Gufler – zu folgendem Gedicht inspiriert hatte, das später von Helmut Qualtinger und Ernst Kölz vertont wurde:

# BLAUBOAD

i bin a ringlgschbüübsizza
und hob scho sim weiwa daschlong
und eanare gebeina
untan schlofzimabon fagrom ...

heit lod i ma r ei di ochte
zu einen libesdraum –
daun schdöl i owa s oaschestrion ei
und bek s me n hakal zaum!

so fafoa r e med ole maln
wäu ma d easchte en gschdis hod gem –
das s mii amoe darwischn wean
doss wiad kar mendsch darlem!

i bin a ringlgschbüübsizza
(und schlof en da nocht nua bein liacht
wäu i mi waun s so finzta is
fua de dodn weiwa fiacht ...)

# HARALD SASSAK: WENN DER GASMANN KLINGELT

„Eine der größten Verbrechensserien in der österreichischen Kriminalgeschichte ist aufgeklärt", heißt es in der Zeit im Bild (ZIB) vom 13. Februar 1972 nach der Festnahme von Harald Sassak. Eine Raubmordserie hatte monatelang die Bundeshauptstadt in Atem gehalten, und die Nachrichten berichten nun, „den lange gesuchten Frauenschreck von Wien" endlich verhaftet zu haben.

Am Tag seiner Festnahme gesteht Sassak völlig emotionslos fünf Überfälle mit Todesfolge, doch in der ZIB am darauffolgenden Tag berichtet Otto Kornek vom Wiener Sicherheitsbüro, dass noch ein sechster dazugekommen sei: „Und zwar ist das der Mord an Richard Langer, der sich im Oktober vorigen Jahres an der Linken Wienzeile zugetragen hat. Langer wurde damals mit seinen eigenen Stöcken erschlagen. In der Zeitung wurde er als ‚Krückenmord' bezeichnet."

Der bei seiner Festnahme 24-jährige Sassak machte sich ansonsten stets auf die Suche nach betagten, alleinstehenden Frauen. Groteskerweise hatte sich Sassak kurz zuvor noch in einem Altersheim um genau solche Menschen gekümmert – doch von Anfang an.

Harald Sassak wurde am 28. Juni 1947 in Oberwart als Sohn eines Maurers und einer Bedienerin geboren, sein Bruder Gerhard im Folgejahr. Der Vater war 1946 als Kriegsheimkehrer aus Schweden nach Österreich zurückgekommen. 1955 – der siebenjährige Harald Sassak war zu diesem Zeitpunkt bereits ein Jahr im Burgenland zur Schule gegangen – zog die vierköpfige Familie nach Wien, in ein Zinshaus in der Steinbauergasse 14 in Meidling. Die Sassaks schienen sich recht wohlzufühlen in ihrem neuen Zuhause. Die Brüder lasen Micky-Maus-Hefte und spielten mit ihren Spielzeugautos, in der Sandkiste oder Fußball. Manchmal gingen sie gemeinsam in eine Kinovorstellung für Kinder, danach hatten sie pünktlich wieder zu Hause zu sein: ein Familienleben wie im Bilderbuch.

Harald Sassak hing besonders an seinem „kleinen" Bruder, seinem engsten Kontakt in den Kinderjahren: Die beiden stritten kaum, wurden von den Eltern gleich gut behandelt und bekamen Weihnachten und Ostern ihre Geschenke. Weder Neid noch Missgunst war unter den vier Sassaks zu spüren, den Buben wurde beigebracht, alten Menschen über die Straße zu helfen. Als die Mutter in der ORF-Sendung „Horizonte" mit dem Titel „,I kann des net verstehen' – Der Fall Sassak" vom 29. März 1972 darauf zu sprechen kommt, dass ihr älterer Sohn ein braver, hilfsbereiter und unauffälliger Bursch gewesen sei, ist sie kurz vorm Heulen: Sie könne einfach nicht verstehen, warum er so aus der Art geraten sei.

Ein Nachbar sagt über das damalige Musterkind: „Im Haus war er sehr beliebt. Sehr beliebt! Er hat gegrüßt die Leut. Die Eltern – sehr anständig." Eine Hausgenossin erzählt, dass beide Sassak-Buben hilfsbereit gewesen seien und beim Greißler Steinbrecher im Haus für die schwer zuckerkranke Mutter täglich eingekauft hätten. Auch sie bescheinigte den beiden mustergültiges Verhalten: „Wenn ma wos verlangt hat, die sind schon grennt."

Als der Bruder Gerhard Sassak in „Horizonte" gefragt wird, ob sie wirklich immer so brav gewesen wären, wie berichtet wird, erwähnt er grinsend ein paar harmlose „Lausbubenstückerln", wie sie Buben eben so aushecken. Alles völlig normal: auch nicht zu heilig. Eine ältere Nachbarin – Typ Bilderbuch-Uroma – wird auf Harald Sassak angesprochen: „Als Kind war er ein netter, braver Bursch. Liab!", sagt sie lächelnd. „Ist er immer gekommen und hat mir einen Kuss gegeben – weil er gewusst hat, da kriegt er ein Kipferl oder eine Mehlspeis von mir."

Die Volksschule besuchte er in der Fockygasse 20, er war zwar kein Musterschüler, aber sein Betragen wurde stets mit einem „Sehr gut" ausgezeichnet. In der Hauptschule kam Harald Sassak auch gut zurecht und lernte brav, darauf folgte von 1962 bis 1965 eine Lehre als Installateur. Am Ende bescheinigte ihm sein Lehrmeister Otto Stöhler aus der Reschgasse 24 im Zeugnis: „Er war treu, ehrlich und ich kann ihn Jedermann empfehlen."

Nach seiner Lehre meldete er sich freiwillig zum Bundesheer, von Oktober 1965 bis September 1966 war er als Funker in Langenlebarn im Grundwehrdienst. Danach zog er wieder zu seinen Eltern nach Meidling, die ihn fragten, was er nun plane. Als Installateur wollte er nicht mehr arbeiten, stattdessen gefiel ihm die Idee, sich im Spital in Lainz nützlich zu machen. Seine Mutter war dort in der Altenpflege tätig, seit Harald noch zur Schule ging, um das Familienbudget aufzubessern. Er folgte seiner Mutter nach und arbeitete ab 1966 ebenso als Altenpfleger im Lainzer Krankenhaus: jene Klinik übrigens, in der die „Todesengel von Lainz" zwischen 1983 und 1989 für eine beispiellose Mordserie sorgten, der mindestens 42 Patienten zum Opfer fielen. Die Dunkelziffer bleibt unbekannt.

Sassak trat seinen Dienst im März 1967 an und war der einzige Pfleger unter lauter Schwestern, aber auch hier beliebt. Kein schlechtes Wort fiel über ihn. Da er kräftig war, nahm er den Schwestern schwere Arbeiten ab. Er packte gern an, oft sogar in seiner Freizeit. Seine Mama erkundigte sich bei der Oberschwester, und die konnte ihr über ihren Sohn nur das Beste berichten. „In der Früh, wenn er Nachtdienst gehabt hat, hat er mir schon beim Balkon gerufen, oder er hat mich vom Fenster aus gerufen: ‚Na, Mutti, bist schon da?!'", erzählt Frau Sassak in der „Horizonte"-Sendung. Nach einem lauten Seufzen, seine spätere Laufbahn in Gedanken, setzt sie nach: „Ich kann das nicht begreifen."

Noch aber lebte Harald Sassak ein völlig normales Leben. Er war knapp 20, als er das Elternhaus verließ und eine Dienstwohnung in der Riedelgasse unweit seiner Arbeitsstätte bezog. Im Herbst 1969 ging Sassaks drittes Arbeitsjahr in Lainz dem Ende zu.

Beginnend mit einer Banalität, schien nun alles aus dem Ruder zu laufen: Sassak war an Gelbsucht erkrankt, brachte aber keine ärztliche Bestätigung und erschien plötzlich nicht mehr zum Dienst. Im Krankenhaus mussten sie den einstigen Vorzeigepfleger „aus dem Stand nehmen", schilderte eine vorgesetzte Schwester in „Horizonte". Sie rief auch Harald Sassaks Mutter an und sagte: „Kommen Sie runter." Da wurde ihr mitgeteilt, dass ihr Sohn wegen längeren Fernbleibens entlassen worden war. Der Vater fügt in der ORF-Sendung an dieser Stelle hinzu: „Da ist er der Frau schon verfallen gewesen." Gemeint ist Gertrude Schlesinger, die Sassak im März 1969, also ein paar Monate zuvor, kennengelernt hatte. Sie war 34 Jahre alt und hatte einen achtjährigen Sohn. Sassak gab seine Dienstwohnung auf und zog zu ihr in die Hausbesorgerwohnung in die Trauttmansdorffgasse. „Ich war damals so allein. Da hat mich meine Schwester angerufen und gesagt, sie hat einen Bekannten, der ist Pfleger in Lainz", so die spätere Aussage von Gertrude Schlesinger: „Und dann hat sie ihn halt mitgebracht. Ich habe ihn behalten, weil er so nett war, vor allem zu meinem Buben. Er hatte die Stelle aufgegeben, ich habe für ihn wegen seiner Krankheit Diät kochen müssen. Bei mir hat er 20 Kilo zugenommen."

Sassak blieb nun nicht nur der Arbeit fern, sondern kam auch immer seltener zu seinen Eltern. Die wollten nicht, dass er mit einer Frau zusammenlebte, die – für sie offensichtlich – einen schlechten Einfluss auf ihn ausübte und noch dazu zwölf Jahre älter war als er. Sie bettelten, sie schimpften, und sie drohten ihm, so Sassaks Mutter in „Horizonte": „Einmal hat ihm dann der Papa den Kopf anständig gewaschen, und dann war's aus."

In seinem Umkreis galt er weiterhin als ruhig, fiel höchstens durch seine Stille und Bescheidenheit auf. Sein Friseur beschrieb ihn als „gemütlicher, dickerer Wiener". Doch ab Dezember 1969 schien er nicht mehr so recht zu wissen, wohin mit sich, er arbeitete kurz als Zuckerbäcker, dann drei Monate als Hilfsarbeiter im Betrieb Louis Lehmann Obstkonserven für 650 Schilling netto die Woche. Ab und zu kehrte er die Stiegen oder wischte die Gänge in einem Zinshaus – aber hauptsächlich lebte er vom Geld seiner Lebensgefährtin. Seine Eltern belangte er nie wegen finanzieller Probleme, weswegen sie der Meinung waren, er hätte sein Leben wohl doch irgendwie im Griff. Dabei ließ sich Sassak lieber durch Likör- und Branntweinstuben treiben, als sich eine Arbeit zu suchen.

Im Frühling 1970 wurde der gelernte Installateur von einer älteren Dame gefragt, ob er vielleicht die Gastherme in ihrer Wohnung reparieren könnte. Sassak dürfte sich auch hier tadellos verhalten haben, und so gab ihm die Kundin ein großzügiges Trinkgeld aus ihrem „Geldversteck". Diese Erfahrung inspirierte Sassak zu mehreren „Betrügerln" mit seinem „Gasschmäh". Das schien ihm gemütlicher, als einer regulären Arbeit nachzugehen. Zunutze kam ihm dabei, dass in Wien gerade die großangelegte Umstellung auf Erdgas vonstattenging und es nichts Ungewöhnliches war, wenn Gasmänner an der Wohnungstür läuteten.

Im August 1970 drängte ihn seine Lebensgefährtin zum x-ten Mal, sich endlich eine ordentliche Beschäftigung zu suchen. Er ging aus dem Haus und ließ sie guten Glaubens zurück. Wenig später klopfte er an die Tür seines ersten Opfers: der 90-jährigen Antonia Stodola, wohnhaft in der Hadikgasse. Er gab sich als Kontrolleur der Wiener Gaswerke aus und prüfte ihr Gasgerät – scheinbar fachmännisch. In Wirklichkeit tat er nichts, außer ihr unbemerkt 500 Schilling zu „fladern", also zu stehlen. Diese Herangehensweise entwickelte sich zu seiner üblichen: Sassak suchte alleinstehende Frauen älteren Semesters auf, meldete sich freundlich an der Tür mit „Der Gasmann ist da!". Die Damen sahen einen molligen, sauber gekleideten jungen Mann, der ungefragt einen (gefälschten) Ausweis präsentierte und im Fachjargon für Vertrauen sorgte. So wurde er meist umstandslos in die Wohnungen gelassen, wo er die Gasthermen „kontrollierte". Hinterher stellte er Quittungen mit falschem Namen um bis zu 1000 Schilling aus. Oft orderte er auch ein Glas

Die Lebensge-
fährtin von Harald
Sassak, Gertrude
Schlesinger, bei
einem Prozess
gegen ihre Person
wegen Teilnahme
an einem Dieb-
stahl im Jahr 1974.

Wasser, um die Damen aus dem Raum zu bringen und sich frei bedienen zu können: vornehmlich bei Geld und Schmuck.

Frecher Diebstahl war allerdings noch der glückliche Unglücksfall. Denn kehrte ein Opfer vorzeitig zurück oder hatte nicht genug Geld für ihn, kam es zu brutalen Angriffen, typischerweise zu Handkantenschlägen gegen den Hals oder zum Würgen. So versuchte er herauszufinden, wo sich das Gelddepot seiner Opfer befand. Auf den Titelseiten der Zeitungen war bald die Rede vom „Würger von Wien" und vom „Phantomwürger". Die Bevölkerung wurde zunehmend beunruhigt – besonders ältere Damen.

Als bevorzugte Tage für seinen „Gasmanntrick" etablierten sich Dienstag und Freitag. Seine Vormittage verbrachte er in den umliegenden Branntweinstuben, wo er bald einen neuen Freund, Trinkkumpanen und Komplizen fand: Johann Scharaditsch, 26, verheiratet, Vater eines kleinen Buben. Der Inhaber der Likörstube, in der sie sich regelmäßig trafen, sagt in der Sendung „Horizonte" – mit schwerer Zunge: „Der Scharaditsch war bei mir schon Gast, wo der Sassak, also sprich Harald, erst wesentlich später einekumman [hereingekommen] is. Wesentlich später. Kennengelernt haben sie sich hier. Die haben sich vorher nie gekannt. 100 Prozent nicht. Nett waren beide. Der Anständigere war nach meinem Ermessen der Scharaditsch, weil er regelmäßig gearbeitet hat. Beim Sassak hat man nie gewusst ..." Nach seiner Beschäftigung gefragt, soll Sassak dem Branntweiner geantwortet haben: „Glaubst, i geh einbrechen oder irgendwos?!", oder er erzählte, seine Lebensgefährtin wäre Schneiderin und sie verdiene das Geld. „Ich persönlich hab [mir gedacht], er schickt's am Strich", so der Wirt.

Seine Eltern und sein Bruder waren völlig im Dunkeln darüber, wo und womit Harald Sassak seine Zeit verbrachte, sie versuchten verzweifelt, ihn zu erreichen. Sie meinten, sie müssten ihn vor Schlimmerem bewahren, dürften ihn nicht im Stich lassen, doch jedes Mal, wenn sie zur Wohnung von Schlesinger gingen, in der ja nun ihr Sohn wohnte, blieb die Tür zu. Blieb nur zu hoffen, dass er irgendwann selbst „gescheiter" werden würde. Einstweilen müsse man ihn wohl ziehen lassen, denn immerhin war er ein erwachsener Mann. Doch was sich währenddessen abspielte, überstieg wohl ihr Vorstellungsvermögen.

24. September 1971: Sassak geht als Gasmann zur 85-jährigen Eleonore Hauer in die Schönbrunner Straße 27. Er schlägt mit der Handkante zu. Sie stirbt fünf Wochen später im Spital.

4. Oktober 1971: Tatort Linke Wienzeile 102. Sassak lernt den 79-jährigen und kranken Richard Langer in einem Lokal kennen und folgt ihm nach Hause. Er bindet sein einziges männliches Opfer an einen Sessel, foltert und

schlägt ihn mit seinen Krücken. Wo das Geldversteck ist, will Sassak wissen. Die Hiebe sind tödlich. Die Gerichtsmediziner stellen 20 Rippenbrüche, eine Kehlkopfzertrümmerung und mehrere Rissquetschwunden fest.

12. Oktober 1971: Rosa Schwarz, wohnhaft in der Oberen Augartenstraße 66, wird aus ihrer Wohnung geläutet. Acht Tage nach Sassaks „Besuch" erliegt sie im Krankenhaus ihren Verletzungen. Sassak hat die Wohnung da schon längst mit 3000 Schilling und einer Perlenkette verlassen.

25. Oktober 1971, Cumberlandstraße 29: Die Nichte der 86-jährigen Josefa Fierlinger wohnt direkt gegenüber ihrer Tante und sieht durch ein Fenster, wie ein junger Mann mit ihr plaudert. Ihre Tante lacht, nichts Bedenkliches. Am nächsten Tag wird Josefa Fierlinger tot aufgefunden.

Sein erster Weg nach einem Raubzug führte ihn oft in eine seiner „Stammhütten", Sassaks Trinkgewohnheiten: zunehmend haltlos. Die täglichen „Ziager" durch „Brandineser", die schon zeitig in der Früh aufsperren, bringen ihn jeden Tag auf fünf, sechs Flaschen Bier und acht Viertel Wein. Eine Freundin von Gertrude Schlesinger zitiert in „Horizonte" Sassaks Lebensgefährtin: „Wenn er betrunken ist und er kommt z'Haus, dann sagt er immer: ‚Ich bitt dich, verzeih mir alles!'" – während er unter Tränen steht.

Ansonsten blieb er nach außen hin auch während seiner Mordperioden freundlich. Selbst wenn er direkt mit frischer Beute von seinen Plünderungen zurückkam, wirkte er völlig unaufgeregt, so Schlesinger: „Er hat mir viele Geschenke gemacht. Ich habe nicht gefragt und war begeistert von dem Schmuck. Haushaltsgeld hab ich ja nicht regelmäßig bekommen, im Gegenteil, anfangs hab ich ihm Geld geborgt." Aber nun hatte er sich ja einen „Beruf" gesucht. Und der forderte neue Opfer.

9. November 1971: Sassak überfällt die 84-jährige Gabriele Hammer in der Pohlgasse 21. Ihr Todeskampf nach den schweren Verletzungen dauert acht Wochen. Sie stirbt am 1. Jänner 1972.

16. November 1971: Aloisa Meschnark, 69 Jahre, wird in der Hetzendorfer Straße 102 von Sassak überfallen. Sie stirbt am 2. Dezember.

Zielführende Spuren konnte die Polizei nicht finden: Selbst, als man in den Wohnungen von Rosa Schwarz und Aloisa Meschnark auf Wassergläsern Fingerabdrücke von ein und derselben Person sicherstellen konnte, kam man damit nicht weiter. Der Täter hatte es sich zudem zur Angewohnheit gemacht, an den Tatorten eine Zigarette zu rauchen und die Stummel auf den Regalen zurückzulassen. Auch diese Rückstände führten zu nichts – außer zur damaligen Blutgruppentechnologie: Damit wurde festgestellt, dass der Täter – wie etwa ein Drittel der Gesamtbevölkerung – Blutgruppe 0 hatte, was entsprechend wenig zielführend war. Sassak war weder vorbestraft noch vorgemerkt, weswegen er nicht zum Verdächtigenkreis gehörte.

Trotz seines „Gasmanntricks" war seine Mordserie wie ein Autounfall in Zeitlupe: Weder hatte er einen Ausweg noch einen anderen Plan, um seinen Lebensunterhalt längerfristig zu bestreiten. Es scheint fast so, als wäre ihm das Leben seiner Opfer ebenso egal gewesen wie sein eigenes, denn irgendwann mussten sie ihn ja erwischen.

Die Eltern hatten ihren Sohn das letzte Mal ein Jahr zuvor, Ende 1970, in Gertrude Schlesingers Wohnung gesehen. Die verzweifelte Mama hatte ihrem Sohn gesagt, sie habe ihn schon polizeilich suchen lassen und dass sich die Familie irrsinnige Sorgen machen würde. Er ging mit ihr in den Park, die Mama weinte bitterlich, woraufhin er sie umarmte und beruhigte: Sie brauche nicht zu weinen, er mache doch nichts.

In der Zwischenzeit hatte der tödliche Raubüberfall auf Josefa Fierlinger die erste heiße Spur gebracht: Die Nichte, die ihre Tante und den „Gaskassier" beobachtet hatte, war gelernte Grafikerin. Sie konnte dem Phantombildzeichner vom Sicherheitsbüro profunde Angaben machen, und anhand von drei, vier ausgewählten Fotos aus den Polizeiarchiven hantelten sie sich an das Gesicht des Täters heran. Es hatte zwar schon zuvor einige Zeuginnen oder Überlebende gegeben – aber deren Aussagen hatten zu den verschiedensten Personenbeschreibungen geführt. Es gehört nicht zu den Stärken des Menschen, sich Gesichter so zu merken, dass man sie erklären kann – schon gar nicht, wenn die einzige Erinnerung aus einer Notsituation stammt. Eine weitere Hürde stellt für die meisten die Kommunikation mit dem Zeichner dar.

Herbert Hofer, ein im Erkennungsamt tätiger Kriminalbeamter, hatte das Phantombild von Harald Sassak gezeichnet. In der „Österreich-Bild"-Ausgabe vom 14. Februar 1972 über seine Arbeit befragt, sagte er, dass er rund zwölf Stunden an dem Phantombild gearbeitet habe. Auf die Frage, wie ihm die Zeugin etwa die Augenbrauen von Sassak erklärt hätte, antwortet Hofer: „Na ja, das ist sehr schwierig. Die Zeugen, die wissen das nicht so genau. Die hab ich mehr nach meinen eigenen Vorstellungen dazugezeichnet."

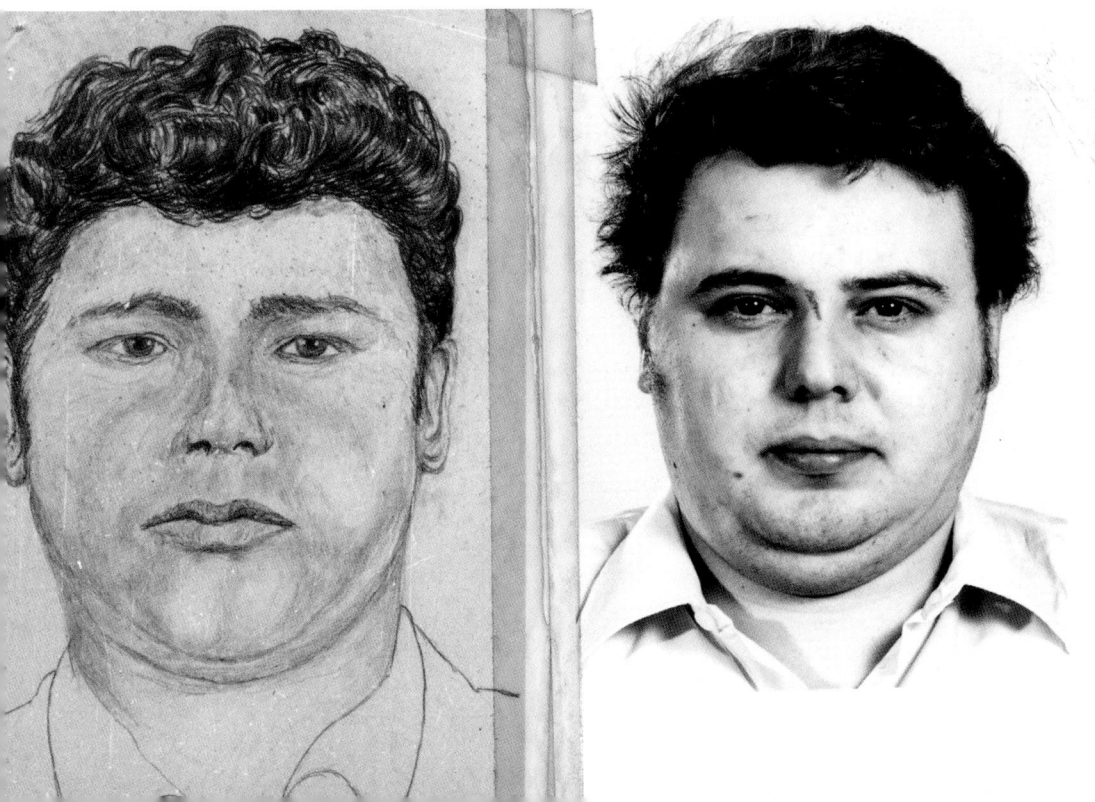

Aber irgendwie habe er durch die professionelle Beschreibung der Nichte das Gesicht wie ein Foto vor sich gesehen. Der Interviewer bohrt nach: „Und diese Vorstellungen haben dann der Wirklichkeit entsprochen?", darauf Hofer: „Wie Sie sehen", und grinst. „Waren Sie nicht selbst überrascht von der Ähnlichkeit der beiden Bilder?" – „Na ja, eigentlich war ich schon überrascht. Von dieser Ähnlichkeit." – „Erwarten Sie jetzt eine Belobigung?" Hofer, etwas stutzig: „Weiß ich nicht. Eigentlich schon."

Am 7. Dezember 1971 erscheint das Phantombild des „Würgers" erstmals in sämtlichen Zeitungen und im Fernsehen. Ob die Familie Sassak dieses Bild je erblickte, ist unbekannt. Doch Gertrude Schlesinger, die ihn schon öfter „schiacher Krampus" genannt hatte, behauptet später über den Moment, als sie das Phantombild gesehen hatte: „Ich habe sofort die Ähnlichkeit bemerkt und zu ihm gesagt: ‚Schau, der hat dieselbe blöde Papp'n wie du!' Er hat damals nur gelacht." – In Schlesingers Wohnung allerdings bald zum letzten Mal: Ende Jänner 1972 wurde Sassak von ihr vor die Tür gesetzt, zum dritten Mal, aber diesmal endgültig. Der Unterstandslose zog in das Hotel Reisner mit Café in der Wolkersbergenstraße 36–38, direkt am Lainzer Spital, in dem er sich früher um Bedürftige gekümmert hatte.

Zu diesem Zeitpunkt liegt die 86-jährige Maria Aberle, die Sassak in ihrer Wohnung in der Millergasse in Mariahilf schwer verletzt hat, im Sterben.

Der 11. Februar 1972 begann für Sassak wie viele andere Tage auch: beim Branntweiner, wie sich der Wirt für „Horizonte" erinnert, da habe er bei ihm drei Viertel Wein getrunken. Dann aber habe er gesagt, er habe das nötige Geld gerade nicht dabei und würde am Abend wiederkommen, um sein „Frühstück" zu bezahlen. Der Wirt war nicht gerade erfreut, doch was blieb ihm übrig?

Sassak verließ das Lokal und machte sich auf den Weg in die Altmannsdorferstraße zu einem Opfer, dem er bereits zweimal Geld abgeluchst hatte. Um 19 Uhr drang er in die Wohnung ein und forderte von der Bewohnerin: „Geld her, sunst nimm i des Messer und stich dein Hund o!" Sie sagte, sie habe kein Geld. Einen Hunderter. Mehr war nicht zu holen.

Danach hatte sie ein totales Blackout. Als sie mit Kopfschmerzen aufwachte, die noch lange anhalten sollten, war alles voller Blut: Nachthemd, Mantel, Vorhänge, sie selbst. Am Tatort wurde ein Messer gefunden.

Sassak war mit seiner mageren Beute in ein anderes Stammlokal weitergezogen. Er trank, plauderte, zahlte und ging. Am Abend kam er zu jenem Wirt, bei dem noch die drei Viertel Wein offen waren, Sassak bezahlte und bestellte gleich noch eins. Bei dieser Gelegenheit zeigte er dem Wirt einen Ring, den er angeblich um 20 Schilling gekauft hatte, und wollte wissen, was man für den wohl bekommen würde. Der Wirt schaute sich das Schmuckstück an und meinte, für 20 Schilling würde man so einen wertvollen Ring nirgends bekommen. Sassak rückte nicht damit heraus, wo er ihn herhatte, also hielt sich der Wirt, dem das Ganze dubios vorkam, mit weiteren Schätzungen zurück. Sassak steckte den Ring wieder ein, trank aus und verließ gegen halb zwölf das Lokal. Er wollte noch weitertrinken – im nächsten Wirtshaus war aber schon Sperrstunde.

Es war etwa halb eins, als er ins Offizierswitwenheim in der Chrudnergasse unweit seines Hotels einstieg. Hier war er bereits wenige Wochen zuvor gewesen, als er Beatrix Rosa mit seinem „Gastrick" herausgeläutet hatte. Sie war damals unversehrt davongekommen, aber im Nachhinein war ihr diese Episode spanisch vorgekommen: Sie ging zur Polizei. Als ihr die Kriminalbeamten das Phantombild des gesuchten Verdächtigen zeigten, nickte sie überzeugend.

Diesmal brach Sassak die nächstbeste Tür auf, dahinter wohnte die 83-jährige Aloisia Schmied. Sassak fiel über sie her, verprügelte und vergewaltigte sie: die erste und einzige ihm später nachgewiesene Sexualattacke.

Darauf zog er weiter durchs Witwenheim auf der Suche nach seinem nächsten Opfer. Auf der Tür vorne stand wieder der Name Beatrix Rosa. Die 77-Jährige wachte auf, als sie es an der Tür rütteln hörte. Sie drehte das Licht auf und schrie: „Was ist das?! Wer ist da?!" Die Antwort: „Kriminalpolizei! Wir brauchen Sie!" Sie hatte tatsächlich mit der Polizei gerechnet – wenn auch nicht um diese Uhrzeit –, weil diese schon einmal zu einer Befragung bei ihr gewesen wäre, sie aber nicht zu Hause.

In „Horizonte" schildert sie die nächsten Momente: „Ich hab nur schnell einen Schlafrock umgeworfen und aufgesperrt – und vor mir steht der Würger. Natürlich war das Gesicht nicht so liebenswürdig und lächelnd wie [ein paar Wochen zuvor] als Gasmann, aber unverkennbar. Ich hab in meinem ersten Schreck aufgeschrien, aber schon war die Hand an meiner Kehle: ‚Wenn du nicht die Gosch'n hältst, erschlag ich dich!' Ich versuchte mit beiden Händen, ihm ins Gesicht zu fahren, aber er erwischte mit einer Hand meine beiden Hände. Mit der einen drückte er die Kehle zu, mit der anderen die Hände: ‚Was, du Bestie, du willst dich wehren?! Ich bring dich um!'

Jetzt muss ich einen Moment das Bewusstsein verloren haben, denn plötzlich fand ich mich drei oder vier Meter von der Eingangstür [entfernt], wo ich mit ihm gekämpft hab, am Boden liegend. Ziemlich am Boden zerstört. Und er auf mir: ‚Wo hast du das Geld, du Bestie?!' Ich kann Ihnen die Schimpfworte nicht sagen, die er alle gebraucht hat. Aber ich kann Ihnen sagen: Sein Gesicht war Mord."

Sassak schlug weiter auf die Kriegswitwe ein und durchwühlte das ganze Zimmer. Er fand weder Schmuckstücke noch Sparkassenbücher, lediglich die mageren Ersparnisse von 700 Schilling. Nun war auch ihm klar, dass es hier keine großen Schätze auszuheben gab, und voller Zorn verschwand er mit der Warnung, sein Opfer hätte eine halbe Stunde ruhig liegen zu bleiben und dürfte keinen Alarm schlagen – sonst würde er durch die Tür schießen.

Beatrix Rosa zögerte keinen Moment, die Polizei zu alarmieren. Die Rettung brachte sie und ihre Nachbarin Aloisia Schmied direkt ins Krankenhaus. Rosa konnte der Polizei noch sagen, dass der Täter nach Alkohol gestunken hatte und dass sie kein Motorgeräusch gehört hatte, als dieser verschwunden war – er dürfte also zu Fuß unterwegs gewesen sein. Eine sofortige Großfahndung wurde eingeleitet.

Sassak flüchtete zu seiner ehemaligen Lebensgefährtin Gertrude Schlesinger. Die machte ihm mitten in der Nacht die Tür auf, wusch sein blutbeschmiertes Hemd, das er auf eine Rauferei zurückführte, und verwies ihn danach wieder ihrer Wohnung. Am frühen Morgen des 12. Februars 1972 kam er zurück ins Hotel Reisner: Dort wollte er den Portier und Kellner in Personalunion, den „Rudl", noch auf ein Stamperl einladen – der aber sehnte sich nach seiner Nachtschicht nur noch nach Schlaf. Sassak insistierte darauf, dass er selbst zumindest noch ein Gulasch und ein Bier brauchen würde. Der todmüde Kellner gab sich geschlagen und servierte dem Gast sein Menü. Sassak drückte ihm 400 Schilling in die Hand, da bemerkte „Rudl" Kratzer auf der Nase und an den Händen seines Gastes und sprach ihn darauf an. Sassak behauptete, im 20. Bezirk in eine kleine Rauferei geraten zu sein. Nach dem Gulasch ging er schlafen und stand erst am Nachmittag wieder auf.

Sein erster Weg führte ihn wieder in jenes Wirtshaus, in dem er tags zuvor seine drei Frühstücks-Viertel schuldig geblieben war und dann doch noch mit frischer Beute bezahlt hatte. Sassak verhielt sich unauffällig wie immer, nahm sich noch zwei Bier, Wurst und Salzstangerl mit und verließ seine Stammhütte gleich wieder.

Zurück im Hotel, setzte er sich gemütlich an einen Tisch und bestellte sein nächstes Bier – doch gemütlich sollte es für ihn nicht mehr lange bleiben. 200 Polizisten waren auf Streife und brachten Sassaks Phantombild in Umlauf, hielten es Passanten unter die Nase und befragten sie – besonders in der Gegend um das Offizierswitwenheim in Hietzing. Kurz nach 17 Uhr kamen zwei Kriminalbeamte zum Hotel Reisner und läuteten „Rudl" heraus. Als sie ihm das Phantombild zeigten, konnte er den Gesuchten nicht nur identifizieren, sondern ihnen auch mitteilen, dass der gerade seelenruhig allein im Lokal sitzen würde.

Die Beamten machten sich auf den Weg hinein, während „Rudl" sie darum ersuchte, sich wegen der anderen Gäste möglichst unauffällig zu verhalten. Die Kriminalbeamten bedankten sich noch einmal für den Hinweis und hielten sich an „Rudls" Bitte. Der Kellner arbeitete wie gewohnt weiter,

und als er an Sassak vorbeiging, fragte ihn dieser: „Wos is, Rudl, gehst mit am [auf den] Ball?" Der meinte, er müsse noch arbeiten, und wenn, dann würde er später nachkommen.

Sassak saß weiter unbekümmert an seinem Tisch, aber einer der Beamten hatte sich schon in die Tür gestellt, da sie nicht wussten, ob die Einladung zum Faschingsball ein Vorwand zur Flucht gewesen war. Lange trödelten sie nun nicht mehr herum, sondern sackten Sassak an Ort und Stelle ohne Gegenwehr ein. Als erstes Beweisstück wurde im Hotelzimmer ein Ring sichergestellt, den er bei einem seiner Raubüberfälle erbeutet hatte. Sassak ließ die Beamten auch nicht lange im Dunkeln, sondern gestand schon im Auto auf dem Weg ins Sicherheitsbüro erste Morde.

Sassaks Eltern erfuhren von der Verhaftung ihres Sohnes, nachdem sie von einem Spaziergang zurückgekommen waren und den Fernseher aufgedreht hatten. Ihren Schock kann man sich nur schwer ausmalen, in der „Horizonte"-Sendung sagte Frau Sassak, so weh es ihr tue als Mutter, sei sie doch auch froh gewesen, dass sie ihn erwischt hätten. Schon allein der armen Opfer wegen.

Harald Sassak zeigte bei den Verhören keine Spur von Reue, völlig emotionslos schilderte er seine grausamen Plünderungen. Nur das Wort „Mord" mochte er weder hören noch verwenden – das umschrieb er mit „a hoarte Hockn", einer schweren Arbeit, so der Kripobeamte Ali Fiala, der bei den Ermittlungen zum Fall Sassak eine tragende Rolle spielte. Die zuständigen Beamten dürften schnell eine Vertrauensbasis zu Sassak aufgebaut haben, sodass dieser nicht davor zurückschreckte, seinen Komplizen Johann Scharaditsch zu erwähnen. Sassak schien die Konsequenz jeglicher Handlungen völlig egal zu sein. Bei ihm offenbarte sich ein skrupelloser Charakter, als wäre es für ihn dasselbe, arme, hilflose Menschen zu pflegen oder sie zu töten. Seine Raubzüge und Einbrüche hatten ihn durch halb Wien gebracht, eine Täter-Opfer-Beziehung hatte es nie gegeben, er handelte willkürlich und habgierig aus dem banalen Grund, seine Zeche zu stemmen: Zehn bis zwölf Viertel Wein waren es pro Tag laut Eigenangaben, das Bier wird gar nicht erwähnt.

Sassaks Prozess begann erst im Jänner 1974 – auch, weil die gerichtsmedizinischen Untersuchungen sehr aufwendig waren, bei denen festgestellt werden musste, ob die Angriffe bei den Raubüberfällen in direktem Zusammenhang mit dem Tod der Opfer stünden oder nicht. Er selbst wirkte zu diesem Zeitpunkt wieder frischer und schlanker: Die täglich ausschweifenden Lokalrunden waren im Gefängnis zu nüchternen, kontrollierten Spaziergängen im Hof geworden.

Seine Gesamtbeute wurde zunächst auf etwa 150 000 Schilling Bargeld und Schmuck im Wert von 100 000 Schilling gesetzt, später auf das Doppelte. Mehr als 200 geraubte Schmuckgegenstände wurden in der Wohnung seiner ehemaligen Lebensgefährtin Gertude Schlesinger gefunden. Sie war nicht direkt an den Raubüberfällen beteiligt, hatte aber Beutegegenstände erhalten und diese teilweise versetzt.

Zwölf Zeuginnen wurden vor Gericht geladen – großteils überfallene Frauen, die überlebt hatten, aber auch Schlesinger, die behauptete, nicht gewusst zu haben, woher der Schmuck käme. Vier Sachverständige – ein Psychologe, zwei Psychiater und ein Gerichtsmediziner – gaben ihre Gutachten ab. Sassak wurde von einem jungen Anwalt namens Michl Münzker verteidigt. Der versuchte, den Alkoholmissbrauch seines Mandanten als mildernden Grund ins Spiel zu bringen. Zwar mag ihn das konstante Trinken verroht und enthemmt haben, doch war Sassak trotzdem immer noch so weit Herr seiner Sinne gewesen, um sich als Gasmann auszugeben und seine Opfer gezielt zu täuschen.

Einer der Psychiater – Heinrich Gross – präsentierte in dem achttägigen Prozess sein 300-seitiges Gerichtsgutachten, in dem er von „einer vollen Zurechnungsfähigkeit" ausging, Sassak aber gleichzeitig als „hässlichen Wiener" bezeichnete. Auf Heinrich Gross muss hier kurz eingegangen werden: Der Stationsleiter der „Reichsausschuß-Abteilung" an der Wiener „Euthanasie-Klinik" Am Spiegelgrund hatte behinderte Kinder für Forschungszwecke missbraucht und war an ihrer Ermordung beteiligt gewesen. Nach dem Krieg setzte er seine Karriere steil fort und konnte sich u. a. aufgrund der während

Befragung einer Zeugin im Prozess gegen Johann Scharaditsch
und Harald Sassak am 25. Jänner 1974.

des Nationalsozialismus entstandenen Gehirnsammlung, die von getöteten Kindern stammte, etablieren. Eine eigene Einrichtung wurde für ihn geschaffen, das Ludwig-Boltzmann-Institut zur Erforschung der Missbildungen des Nervensystems. Nebenbei war er Österreichs meistbeauftragter Gerichtsgutachter und traf als solcher u.a. 1975 auf Friedrich Zawrel, einen Spiegelgrund-Überlebenden, was ein maßgeblicher Anstoß dazu war, öffentlich über die Vergangenheit von Gross zu reden.

Vor dem Wiener Oberlandesgericht konnte ihm die Mitbeteiligung an den „Kindereuthanasie-Morden" nachgewiesen werden – doch Gross kam trotzdem ohne Verurteilung davon. Die Staatsanwaltschaft hielt sich in ihrer Tätigkeit – gelinde gesagt – jahrzehntelang zurück, und auch Justizminister

Harald Sassak, hier beim Prozess mit
einer Überlebenden im Zeugenstand.

Christian Broda (SPÖ), eigentlich Modernisierer und Reformer in gesellschaftlichen sowie strafrechtlichen Fragen, legte eine schützende Hand über seinen Parteikollegen Gross, der 2005, kurz nach seinem 90. Geburtstag, in Freiheit starb. Elisabeth Scharang drehte mit Friedrich Zawrel die Dokumentation „Meine liebe Republik" (2007), die die erschreckenden Verstrickungen alter Nazis im Allgemeinen und von Gross im Speziellen in den Machtzirkeln der Zweiten Republik offenbart.

Sassak jedenfalls hielt es für eine freundliche Geste, dass ihm ein Verteidiger zugeteilt worden war, aber er hatte keine Illusionen und wusste, dass er den „Frack", also lebenslange Haft, bekommen würde. Dieses Urteil folgte im Februar 1974 aufgrund von sechs Tötungsdelikten aus Habgier sowie neun Raubfällen. Als Mörder mit unbedingtem Tötungsvorsatz aber wurde er nicht verurteilt, weil er, so seine Behauptung, nicht in Tötungsabsicht gehandelt, sondern den Tod „billigend in Kauf genommen" hatte.

Sein Komplize Johann Scharaditsch – er wurde vom legendären „Unterweltsanwalt" Herbert Eichenseder verteidigt – bekam 18 Jahre. Er war bei einigen Streifzügen und Einschleichdiebstählen mit Sassak unterwegs gewesen sowie bei zwei Raubüberfällen, bei denen es Todesopfer zu beklagen gab.

Im Ö1-„Abendjournal" vom 7. Februar 1974 meinte Sassak, dass es nicht viel Sinn habe, wenn Leute wie er mit den „Vögeln da oben", den Psychiatern, reden würden, weil sie eben so wären, wie sie sind. Haft wäre eine Erleichterung für diesen Schlag Mensch, so Sassak. Ob er sich nach seiner Haft wieder in die Gesellschaft integrieren können würde, darüber ließe sich nur spekulieren, sagte er selbst. Das Gefängnis wäre kein Kloster, und nach jahrelangem entsprechendem Umgang wäre es sehr unwahrscheinlich, dass er wieder „der brave Sassak" werden würde, der er seine ersten 20 Jahre gewesen war. Seine Taten könnten ihm nicht wirklich leidtun, weil er sie ja vollbrachte habe, aber weil sie sinnlos, nicht notwendig gewesen wären und dabei Menschen umgekommen wären, täte er sie irgendwie schon bereuen.

Sein ehemaliger Anwalt Michl Münzkert beschreibt Sassak in der ORF-Doku „Wahre Verbrechen" (2021) Dekaden nach der Verhandlung so: „Ein übergewichtiger Wappler, der nichts kann, der nichts weiß, sich im Gasthaus ansäuft, und dieses schreckliche Doppelleben führt, dass er eben seine Gasthausbesuche – Alkoholexzesse kann man ruhig auch sagen – durch diese Taten – laut Anklage – finanziert hat. Das war er. Ein unscheinbarer Wappler."

Sassak kam in die Justizanstalt Stein und arbeitete dort zuerst in der Wäscherei, später als Bürstenbinder, galt als ruhiger, unkomplizierter Gefangener und strebte nie eine Haftentlassung an. Seine einzigen Kontakte zur Außenwelt waren Fernseher und Radio: mit Informationen aus einer Welt, zu der er immer weniger Bezug hatte. Später soll Sassak sich laut Medienberichten mit Josef Fritzl angefreundet haben, der 2009 in Stein inhaftiert wurde.

Nach 39 Jahren wurde der schon lange schwer zuckerkranke Sassak entlassen. Die Welt hatte sich in der Zwischenzeit nicht nur ein kleines Stück verändert. Dass er sich in seiner neuen Freiheit nach jahrzehntelang automatisiertem Alltag und fixen Zeiten zum Aufstehen, Essen, Arbeiten, Waschen und Schlafengehen zurechtfinden würde, schien unmöglich. Sassak kam in ein Pflegeheim in Weitra, wo er im August 2013 kurze Zeit nach seiner Entlassung starb. Laut einer Pflegerin soll er ein unproblematischer und geläuterter alter Mann gewesen sein. Warum es ihn mit 22 Jahren so „ausgehängt" hatte und er sich völlig konträr zu seiner Vergangenheit, Familie und Erziehung entwickelt hatte, wird nie ganz geklärt werden. Sassak selbst sagt im Ö1-Abendjournal vom 7. Februar 1974: Einen „Poscher", einen Dachschaden müsse er schon haben, das sei ja nicht normal, was er mit 22 Jahren angefangen habe.

Sein Bruder blickt in der „Horizonte"-Sendung von 1972 mit gutmütigem Gesicht und freundlichen Augen in die Kamera und meint auch, irgendwas müsse er gehabt haben. Denn dass einer 22 Jahre ein normaler Mensch ist und dann plötzlich auf solche Gedanken kommt ... Gerhard Sassak schüttelt ungläubig den Kopf, wenn er an seinen einst geliebten Bruder denkt. Er schließt mit den Worten: „Wie a Albtraum is des."

Femizide füllen nach wie vor die Nachrichten: Österreich ist in entsprechenden Statistiken schändlicherweise konsequent im Spitzenfeld vertreten. So aktuell und drängend das Thema auch ist: Es ist kein neues. Männer, die Frauen ermorden, füllen die Anklagebänke nicht erst seit gestern – ihre Motive aber sind unterschiedlich. Die meisten Morde werden innerhalb persönlicher Beziehungen verübt, aus zwischenmenschlichen Gründen, oft beruhend auf eigentlich lächerlichen, männlichen Minderwertigkeitskomplexen. Aber es gibt auch besessene, von irrsinnigem Hass getriebene Psychopathen, die auf Vernichtungstour gegen das weibliche Geschlecht an sich gehen und dabei vor nichts zurückschrecken.

# ALFRED ENGLEDER: DER MÖRDER MIT DEM MAURERFÄUSTEL

Alfred Engleder wurde mit zahlreichen Namen bedacht: der Mörder mit dem Maurerfäustel; die Bestie von Steyr; der Gnom von Sierning; Mordbestie, Frauenschreck oder, gar euphemistisch: radelnder Unhold von Steyr. Sämtliche Zuschreibungen sind zutreffend und doch unzureichend.

Helmut Qualtinger und Carl Merz schrieben, beruhend auf dem Fall der „Bestie von Steyr" und dem Drumherum – das Stück „Unternehmen Kornmandl": eine österreichische Groteske voller Korruption, Ermittlungspannen und Sensationsgeilheit. Als kleine Fußnote sei erwähnt: Helmut Qualtinger gehörte zwar nicht zur Verbrecherszene oder Wiener Unterwelt, war aber nach Ende des Zweiten Weltkriegs im sagenumwobenen „Schleich", im Schleichhandel der viergeteilten Stadt, aktiv. Als Umschlagplatz diente ihm ein Magazin beim Donaukanal, über seine Budel gingen Stolichnaya, Chesterfield und Präservative.

Aber zurück zu Alfred Engleder: Denn was der Maurerfäustel-Mörder vor allem hinterließ, waren keine boshaften Stücke der Kleinkunst, sondern echter Terror, Tod und Trauer.

Alfred Engleder wurde 1920 in einem unauffälligen Ort namens Sierning in Oberösterreich „als Sohn eines Werkmeisters geboren", wie es in der offiziellen Anklageschrift vom 6. Februar 1958 heißt. Die Mutter wird in diesem

Zusammenhang nicht erwähnt. Als Engleder vier Jahre alt war, ließen sich die Eltern scheiden und er kam in ein Waisenhaus nach Gosau, etwa zwei Autostunden von Sierning entfernt. Schon früh zeigte er sich schwierig im Umgang und kam in ein Erziehungsheim nach Gleink, nur 20 Autominuten von seinem Zuhause entfernt. Engleder fühlte sich schon damals ungerecht behandelt – insbesondere von Frauen. Laut Eigenaussage aus der Anklageschrift hatten sich bei ihm bereits in früher Kindheit „Gefühle der Rachsucht und Bosheit entwickelt".

Im 14. Lebensjahr trat er eine Lehrstelle bei einem Schneidermeister in Linz an, gab diese aber nach einem Dreivierteljahr wieder auf. Danach landete er als Knecht bei einem Bauern in der Nähe von Gallneukirchen, später bei einem in Windischgarsten, dann bei einem weiteren Landwirt in Reithtal bei Liezen und schließlich bei einem Gastwirt in Gosau. Seine Odyssee führte ihn anschließend zu einem Bauern nach Wels, und von dort trat Engleder in Kontakt mit seinem Vater. Der nahm ihn im Februar 1938 zu sich und verschaffte ihm einen Arbeitsplatz in der Messer- und Stahlfabrik Neuzeughammer in der kleinen Ortschaft Neuzeug bei Sierning.

1939 wurde der 19-jährige Engleder zum „Reichsarbeitsdienst" eingezogen und landete in Frankreich. Es folgte der Einzug zur Wehrmacht, und im Dezember 1941 wurde er nach Russland verlegt, wo er im Dezember 1943 in Kriegsgefangenschaft geriet. Hier erlernte er das Tischlerhandwerk und kam erst im September 1947 in seine Heimat zurück. Ab Jänner 1948 arbeitete er wieder in der Neuzeughammer-Fabrik.

Noch im selben Jahr lernte der Kriegsheimkehrer Marie L. kennen, die beiden heirateten im Februar 1949. Sie brachte zwei Kinder mit in die Ehe, und bereits wenige Monate nach der Hochzeit verließ Engleder seine Frau wieder. Später behauptete er, von ihr missbraucht worden zu sein. Die Ehe wurde im Jänner 1951 geschieden, doch schon vor der Scheidung hatte er eine Affäre mit Berta H., die im Juli 1951 ein gemeinsames Kind zur Welt brachte, auf das bald zwei weitere folgen sollten. Die Familie lebte in einer Wohnung im Sierninger Schloss, nur 50 Meter vom Gendarmerieposten entfernt: Die Beamten konnten von ihrem Fenster aus direkt in den Innenhof des Schlosses sehen und beobachten, wie Engleder seine Freizeit mit der Familie verbrachte. Die Gendarmen meinten später, er habe das Vorzeigebild eines fürsorglichen Familienvaters abgegeben, auch wenn ihm niemand viel zutraute, er als unscheinbar, ruhig und kontaktarm galt.

Im Inneren des Jungvaters brodelte es währenddessen allerdings unablässig. Frauenhass war sein ständiger Begleiter: Das weibliche Geschlecht diente ihm als Sündenbock-Projektionsfläche. Eine Schwester aus dem Kinderheim etwa machte er verantwortlich für seine Körpergröße von 1,58 Meter – ein Komplex, den er ein Leben lang mit sich trug: Sie hätte ihm nicht genug zu essen gegeben und sein natürliches Wachstum gebremst. Zurückweisungen von Frauen hatte er seit seiner Jugend erlebt, „zumindest im Inland", wie es in der Anklageschrift heißt.

Bei Neuzeughammer hatte es Engleder bald zum Vorarbeiter gebracht, aber im Juli 1951 wurde er entlassen – die Gründe dafür sind unklar. Er allerdings diffamierte Arbeitskolleginnen, ihn hintergangen und in der Chefetage angeschwärzt zu haben. Der Rausschmiss brachte Engleder zum Explodieren. Laut Zeitungsberichten beschloss er nun, sich an einer ehemaligen Kollegin zu rächen: mit einem schweren Hammer, dem Maurerfäustel. Doch da sich die Auserwählte nicht blicken ließ, entschied er sich kurzerhand, die nächstbeste Frau anzugreifen. In der Anklageschrift heißt es: „Der Beschuldigte gibt an, dass er in diesen Tagen sich ständig mit dem Gedanken getragen habe, eine junge Frau, ganz gleich welche, richtig zu erniedrigen und zusammenzuschlagen."

Sein erstes Opfer war Elfriede K. Die 21-jährige Hilfsarbeiterin befand sich am 31. Juli 1951 gegen 22.15 Uhr auf dem Heimweg zu ihrer Wohnung in Gründberg bei Steyr. Am sogenannten „Zigeunerberg" in Sierning sah sie im Lichtkegel eines Lastwagens einen entgegenkommenden Radfahrer. Er versetzte ihr im Vorbeifahren einen heftigen Schlag mit einem Tischlerhammer (in den anderen Fällen sollte Engleder immer zum Maurerfäustel

Im Schloss Sierning wohnte Alfred Engleder mit Frau und Kindern – ein scheinbar harmloses Familienleben in direkter Nachbarschaft zur Gendarmerie.

greifen), den er in einer Aktentasche mitgeführt hatte, woraufhin Elfriede K. benommen herumtaumelte und laut schrie. Es folgten etwa zehn weitere Hammerschläge auf ihren Hinterkopf. Elfriede K. überlebte schwerverletzt, da ein Motorradfahrer zufällig vorbeikam und Engleder verscheuchte. In der Anklageschrift steht, dass „die Vollbringung des Verbrechens der Notzucht" dadurch „unterblieben sei".

Der Motorradfahrer Friedrich S. brachte die blutüberströmte junge Frau zuerst zu ihren Pflegeeltern und anschließend ins Krankenhaus nach Steyr. In der Anklageschrift gibt Engleder an, „dass beim Anblick des auf der Straße alleingehenden Mädchens sein Vernichtungstrieb sich mit furchtbarer Wut gepaart habe und er, wie er wörtlich sagt, nun richtig seine Wut ausgelassen und wie ein Wilder auf das Mädchen losgeschlagen habe. Der Beschuldigte gibt auch zu, beabsichtigt zu haben, das Mädchen geschlechtlich zu vergewaltigen um, wie er sich ausdrückt, ihre Erniedrigung durch einen Geschlechtsverkehr zu einer endgültigen zu machen."

In den nächsten vier Jahren sollte er keine weiteren Verbrechen begehen. Engleder pflegte in Sierning das Bild des braven Familienmenschen, beschäftigte sich mit politischen Fragen, las wissenschaftliche und psychologische Bücher. Nach seiner Entlassung ging er bis Februar 1952 einer Aushilfsarbeit bei der Firma Hack für die Gewerbeausstellung in Steyr nach, im Mai 1952 wurde er bei den Steyr-Werken angestellt. Im Juli desselben Jahres heiratete er Berta H. – laut Eigenaussagen hauptsächlich aus dem Grund, weil sie wieder schwanger war. Wenn er konnte, verbrachte der Bastler und Zeichner Engleder viel Zeit allein in seiner Werkstatt.

Am 23. August 1955 holte er zum zweiten Schlag aus: Engleder fuhr wieder mit Fahrrad und Hammer durch die Gegend – auf der Suche nach einem Opfer. In Bad Hall fiel ihm gegen 21 Uhr die 27-jährige Krankenschwester Margarete B. ins Auge. Er überholte sie und radelte vor, um den Weg nach einer für den Überfall günstigen Stelle auszukundschaften. Diese fand er in Adlwang an einer unbebauten Stelle und wartete dort auf die junge Krankenschwester. Engleder nahm den Hammer aus der Aktentasche und versetzte ihr aus dem Hinterhalt einen kräftigen Schlag auf den Kopf. In der Anklageschrift wird von zahlreichen weiteren Schlägen mit dem Maurerfäustel sowie brutaler Knebelung berichtet, sein Opfer war „durch wirklich ausgeführte Gewalttätigkeit außerstande gesetzt, ihm Widerstand zu tun". Engleder schleifte Margarete B. in eine Wiese und vergewaltigte sie. Laut Anklageschrift wurde sie „zu außerehelichem Beischlaf missbraucht, wobei diese Tat einen wichtigen Nachteil der Margarete B. an ihrer Gesundheit zur Folge hatte".

Engleder wurde von einem herannahenden Autofahrer unterbrochen, sprang auf sein Fahrrad und fuhr davon in die Dunkelheit.

Niemand ahnte etwas von Engleders Doppelleben, doch seine Radtouren auf der Suche nach jungen Frauen wurden zur Routine. Sämtliche Tatorte in tiefster Einschicht lagen nah beieinander – in der Tasche stets seinen Maurerfäustel. Durch die heftigen Schläge auf den Kopf hatten viele seiner Opfer eine retrograde Amnesie: Die Information direkt vor der Attacke konnte oft nicht mehr richtig im Hirn abgespeichert werden, wodurch die Erinnerung an Erlebnisse vor dem Schlag fehlte. Es war nicht einfach, diese Szenen zu rekonstruieren, einzelne Attackierte machten widersprüchliche Angaben oder gaben an, sich an einen kräftigen Mann zu erinnern. Die Gendarmerie – in der Provinz rudimentär ausgestattet – tappte im Dunkeln, die Zeitungen kolportierten deren Ratlosigkeit über die „Bestie" – und in Engleder wuchs eine Art Überlegenheitsgefühl.

Am 6. November 1955 beschloss der 35-Jährige, nicht zur Arbeit zu gehen, sondern mit dem Fahrrad seine Runden zu drehen. Gegen 17.30 Uhr stieß er in Dornbach bei Steyr auf die 24-jährige Fabriksarbeiterin Gertrude B. und griff sie in gewohnter Weise an. Sie aber schaffte es, sich so heftig zur Wehr zu setzen, dass Engleder die Flucht ergriff. In der Anklageschrift heißt

Alfred Engleder bei seiner Verhaftung.

es, dass er bei seinem Überfall Gertrude B. zwar verletzt habe, „jedoch sein angestrebtes Ziel nicht erreicht. Er gibt unumwunden zu, dass er durch das Misslingen seines Vorhabens nicht zur Ruhe gekommen sei und täglich nach Einbruch der Dunkelheit, sich auf sein Fahrrad setzte und in Steyr und Umgebung nach einem neuen Opfer Ausschau hielt. In unbändigem Hass gegen Mädchen und Frauen lüsterte es ihn, ein weibliches Wesen niederzuschlagen, zu erniedrigen und geschlechtlich zu missbrauchen. So kam es bereits 4 Tage nach dem Überfall auf Gertrude B. zu dem vom Beschuldigten ausgeführten 4. schweren Verbrechen."

Am 10. November 1955 war Engleder nach einer Nachtschicht in der Dämmerung heimgekommen und hatte bis in die frühen Nachmittagsstunden geschlafen. Danach ging er in seine Bastelwerkstätte. Gegen 17 Uhr verließ er diese und fuhr mit dem Fahrrad durch die Gegend, den Maurerfäustel in der Tasche, auf der Suche nach seinem vierten Opfer.

Engleder landete in Steyr und ging dort in ein Wirtshaus auf zwei Bier. Danach fuhr er zurück nach Sierning, war aber so voller Wut, bereits tagelang tatenlos herumgeirrt zu sein, woraufhin er noch einmal die halbe Stunde nach Steyr zurückradelte: fest entschlossen. Kurz nach 20 Uhr kam er dort am Spital vorbei und sah eine junge Frau, die 25-jährige Krankenschwester Margarete Fluch. Einen knappen Kilometer vom Krankenhaus entfernt lauerte er ihr auf und schlug ihr mit dem Maurerfäustel auf den Kopf. Sie brach sofort zusammen, und als sie wieder zu sich kam, hielt sie Engleder nicht für den Täter, sondern für jemanden, der ihr zu Hilfe kam. Der aber hatte ganz andere Pläne, schleifte sie an den Wegesrand zwischen Schotterhaufen und Gebüsch. Als sie versuchte zu schreien, hielt er ihr grob den Mund zu, übersah im Gerangel aber den Abgrund hinter sich und stürzte mit der nunmehr bewusstlosen Krankenschwester drei Meter in die Tiefe.

Sie landete auf ihm, und als sie ihr Bewusstsein wiedererlangte, flehte sie um ihr Leben. Engleder wollte davon nichts hören und steckte einen mitgebrachten Strumpf als Knebel in ihren Mund. Er schlug so lange auf Margarete Fluch ein, bis sie wirklich keinen Mucks mehr machte, und verging sich an ihr: seinem ersten Mordopfer. Danach ließ er sie liegen und fuhr mit dem Fahrrad in seine Werkstatt, um die Blutspuren abzuwaschen.

Die unter zunehmenden Druck stehenden Beamten hatten den Täter schnell gefunden – allerdings den falschen: Dr. Günther H., einen 38-jährigen Anästhesisten, der verheiratet war und mit seiner Frau ein vier Monate altes Baby hatte – aber gleichzeitig ein Verhältnis mit der ermordeten Krankenschwester, wie nun bekannt wurde. Zur fraglichen Zeit hatte er kein Alibi, im Gegenteil: Eine Verabredung mit Margarete Fluch belastete ihn sogar. Wegen einer längeren Operation war er jedoch verspätet eingetroffen – und da war sie beim vereinbarten Treffpunkt nicht mehr anzutreffen gewesen.

Günther H. kam in Untersuchungshaft, verstrickte sich in Widersprüche, versuchte sein Verhältnis zu verschleiern: Die Gerüchteküche in und um Steyr brodelte. Man munkelte, dass ihm seine Affäre lästig geworden wäre, womöglich wegen einer Schwangerschaft. Sein Wagenheber wurde als mögliche Tatwaffe herangezogen. Der Arzt meinte, es wäre doch unsinnig, eine Geliebte sexuell zu missbrauchen – woraufhin entgegnet wurde, er habe womöglich einen Missbrauchsmord vortäuschen wollen, um das wahre Motiv zu verbergen.

Nachdem schließlich der Wagenheber als Mordwaffe ausgeschlossen werden konnte, wurde Günther H. nach einem halben Jahr Untersuchungshaft entlassen. Erst jetzt wurde langsam eine Verbindung zwischen den verschiedenen Überfällen im Raum Steyr hergestellt – und der Justizirrtum um den Anästhesisten diente als Vorlage für den Film „Gestehen Sie, Dr. Corda!" (1958), der nach dem Vorspann verlautbart: „Ein unschuldig Verurteilter ist die Angelegenheit aller anständigen Menschen."

Für Engleder hingegen ging das Leben unbescholten weiter, auch wenn er im August 1956 seine Anstellung bei den Steyr-Werken verlor. Durch sein Arbeitslosengeld und verschiedene „Pfuschs", also Schwarzarbeiten, geriet er zumindest finanziell nicht ins Strudeln, seine Ehe allerdings lief nicht mehr rund, und im folgenden Winter verliebte er sich in eine andere Frau. Die wollte aber – Engleders Meinung nach wegen seiner geringen Körpergröße – nichts von ihm wissen. Sein Hass wuchs.

Eineinhalb Jahre hielt Engleder sich jedoch im Zaum und beging keine weiteren Gewalttaten, doch am 7. und 8. Juni 1957 machte er sich wieder auf die Suche nach einem neuen Opfer – vergeblich. Am 10. Juni verließ er das Familienhaus erneut – unter dem Vorwand, das Kino in Neuzeug bei Sierning zu besuchen. Tatsächlich ging er in seine Bastelwerkstätte, um sich seine Aktentasche samt Maurerfäustel zu holen. So machte er sich auf den Weg ins Gasthaus Wieser in Neuzeug und trank zwei, drei Bier, zeitweise in Gesellschaft von Franz K. Um 21 Uhr verließ er das Lokal und sah plötzlich die 22-jährige Hilfsarbeiterin Herta Feichtinger. Er fuhr hinter der jungen Frau her und versetzte ihr einen Schlag auf den Hinterkopf, woraufhin sie unweit des Sportplatzes in Sierning zu Boden ging. Er warf sein Fahrrad in das anliegende Feld und packte die Schwerverletzte, um sie ebenso ins uneinsichtige Gelände zu ziehen. Es kam zu heftigem Gerangel, zu einem wahren Todeskampf, den Herta Feichtinger letztlich verlor. Engleder hatte sie noch vergewaltigt, bevor er feststellte, dass sie tot war; er zerrte sie weiter ins Feld hinein, nahm ihr Armbanduhr, Halskette und Handtasche ab. Blutbefleckt fuhr er in seine Werkstätte, um sich zu waschen.

In der Anklageschrift gibt Engleder an, die erste Tatortbegehung mit einem Fernglas beobachtet zu haben. Außerdem soll er am Tag nach der Tat in der Früh in der Kirche zur Beichte gegangen sein und später das Begräbnis von Herta Feichtinger besucht haben.

Wieder wurde der Anästhesist Dr. H. einvernommen, konnte aber ein Alibi vorweisen. Als Nächstes wurden zwei Freunde des Opfers festgenommen, Helmut M. und Walter L. Helmut M., Sohn eines Gastwirts aus der Umgebung, hatte Kratzwunden im Gesicht, die er nicht erklären konnte, und gestand unter großem Druck seitens der Polizei den grausamen Mord. Walter L. wurde als Komplize verhaftet: Er soll die Tat in Auftrag gegeben haben.

Doch es kam zu einer neuen Wendung: Am 14. Juni 1957 schrieb Engleder einen Brief an das Polizeikommissariat in Steyr, den er in die von ihm gestohlene Handtasche von Herta Feichtinger steckte. Die Tasche hinterließ er in der gut besuchten Michaelerkirche in Steyr: Er war sich sicher, dass sie dort gefunden werde, und wollte so von Sierning ablenken, da er fürchtete, man würde ihm langsam auf die Schliche kommen. Bereits am nächsten Tag – fünf Tage nach dem Mord an Herta Feichtinger – wurde die Tasche der Polizei übergeben. Die darin enthaltene Nachricht beginnt mit dem Satz: „Ich bin der Mörder." Der Brief offenbart Details zur Tat, vom Erschlagen bis zur mehrfachen Vergewaltigung. Gleichzeitig baute der anonyme Schreiber gezielte Falschinformationen ein, um die Polizei auf falsche Fährten zu locken. Das obskure Bekennerschreiben schließt ab mit: „Das Motiv der Tat ist grenzenloser Hass und Wut gegenüber den Weibern wegen einer schweren Lebensenttäuschung. Der Mörder."

Noch am selben Tag, an dem die Polizei das ominöse Schreiben erhalten hatte, ging Engleder erneut auf Pirsch, in Bad Hall, zehn Kilometer von Sierning entfernt. Es war gegen 22 Uhr, als er auf die 21-jährige Maschinenstrickerin Herta Spann stieß. Sie war in Begleitung ihres Vaters, der sie im anliegenden Hehenberg besucht hatte, und begleitete ihn ein Stück auf seinem Heimweg. In der Nähe einer Schottergrube trennten sich die beiden, und der ihr auflauernde Engleder nutzte die Gelegenheit, um ihr mit seinem Maurerfäustel auf den Schädel zu schlagen. Es kam zu einem Handgemenge, bis ein Motorradfahrer vorbeikam und den Täter in die Flucht trieb. Engleder stürzte auf einer steilen Böschung mit seinem Fahrrad und ließ es im Gebüsch zurück. Der Motorradfahrer konnte den Täter nicht erwischen, brachte aber Herta Spann zum nächsten Polizeiposten. Von dort ging es zu einem Arzt, und nach der notwendigen Primärversorgung ins Landeskrankenhaus Steyr.

Bei der Tatortbegehung wurden Maurerfäustel, Aktentasche, Fahrrad und Armbanduhr gefunden: von Engleder in Panik und Finsternis verloren. Er hatte sich vom Tatort über Umwege nach Hause aufgemacht und war sogar schon von der Polizei perlustriert worden, kam jedoch mit einem erfundenen Alibi davon. Eine sofort eingeleitete Großfahndung blieb erfolglos, doch laut Anklageschrift „erging durch Presse und Rundfunk ein an die Bevölkerung gerichteter Appell zur Mitarbeit. Mittels eines Lautsprecherwagens, der die am Tatort aufgefundenen Effekten des Täters zur öffentlichen Schau stellte, wurden die Bewohner der umliegenden Ortschaften alarmiert."

Ein erster Erfolg stellte sich ein, als der Uhrmachermeister Franz Lechner in Sierning bezeugen konnte, dass der Besitzer der gefundenen Uhr Alfred Engleder war. Genau konnte er sich noch erinnern, dass der sie kürzlich zur Reparatur vorbeigebracht hatte: Wie sich später herausstellen sollte, war die Uhr in dem brutalen Kampf mit Herta Feichtinger beschädigt worden.

Diesmal waren die Ermittler also dem wahren Täter auf der Spur. Letzte Zweifel wurden ausgeräumt, als die Polizei zu Engleders Familie nach Sierning fuhr, wo seine ahnungslose Frau und drei Kinder anzutreffen waren: Er war am 15. Juni erst spät in der Nacht heimgekommen, und wenig später gleich wieder abgerauscht, meinte Frau Engleder. Wohin, wüsste sie nicht. Sie konnte ihrem Mann also kein Alibi geben, dafür aber die am Tatort gefundenen Gegenstände als die seinen bestätigen.

Engleder hatte geahnt, dass er diesmal nicht auf freiem Fuß davonkommen würde. Noch in der Nacht, direkt nach der Tat, hatte er beschlossen, in die Tschechoslowakei zu fliehen. Durch seine Russischkenntnisse aus der Gefangenschaft rechnete er mit einer Aufenthaltserlaubnis. Laut Anklageschrift hatte Engleder „nach vollübter Tat kurz nach Mitternacht seine Wohnung unter Mitnahme eines Barbetrages von 860.- S." verlassen und „begab sich in die im Umspannwerk der OKA, in Wetzendorf, Gemeinde Sierning gelegene Bastelwerkstätte, nahm dort das von ihm deponierte Bargeld von 290.- S., sowie nach Einsteigen in die Diensträume des Umspannwerkes ein ihm nicht gehöriges Handtuch, einen Rucksack, sowie einen Herrenhut an sich und begab sich über Pichlern nach Aschach a. d. St.". Weiters heißt es, dass „der Beschuldigte bereits einen großen Vorsprung gewonnen und in ganz geschickter Weise sich seiner Verhaftung zunächst zu entziehen vermocht hatte".

Die Flucht ging abenteuerlich weiter: Engleder versteckte sich in einem Kornfeld, übernachtete vom 16. auf den 17. Juni 1957 in einer leeren Zuggarnitur in Kleinreifling, fuhr zeitig mit dem ersten Zug nach Amstetten, kaufte sich neue Kleidung und Schuhe, später in St. Pölten eine Landkarte, um die Flucht in die Tschechoslowakei zu planen. Auf die Karte schrieb er den Namen „R. Schädel", als der er sich von nun an ausgeben wollte, vernichtete seine Dokumente und verbrachte die nächste Nacht in einem Strohschober in Sigmundsherberg. Am 18. Juni 1957 landete er in Retz und kaufte sich eine neue Jacke und einen Feldstecher.

In Niederfladnitz bei Retz, nur zwei Kilometer von der tschechoslowakischen Grenze entfernt, waren einige Frauen bei der Feldarbeit. Es war der 19. Juni, ein heißer Sommertag, sie waren entsprechend leicht bekleidet – und Engleder konnte sich nicht zurückhalten, sie mit seinem Fernrohr zu beobachten. Den Arbeiterinnen fiel der Voyeur aber bald auf und eine von ihnen, die Förstergattin, rannte zu ihrem Mann und schilderte ihm den Vorfall. Der konnte den Spanner schnell ausfindig machen und stellte ihn zur Rede. Der Fremde konnte sich nicht ausweisen und verstrickte sich in Widersprüche, weswegen der Förster ihn auf die nächste Wache in die kleine Ortschaft Pleißing brachte. Engleder leistete keinen Widerstand, ganz im Gegenteil: Bald bekannte er, der gesuchte Frauenmörder zu sein, und legte ein Geständnis ab: nicht nur für den Überfall auf Herta Spann, sondern auch auf Herta Feichtinger, Margarete Fluch und Margarete B., die bis dahin noch nicht mit ihm in Zusammenhang gebracht worden waren.

Engleder wurde noch am selben Tag zu weiteren Befragungen nach Hollabrunn, dann nach Wien überstellt und gab noch zwei weitere Verbrechen zu. Er schien fast erleichtert und lieferte über zehn Stunden lang bereitwillig Auskunft: dass er zwischen 1951 und 1957 sechs Frauen brutal überfallen hatte, von denen zwei gestorben waren.

ehrfacher Frauenmörder in Oberöster
heute verhaftet.

Seit Tagen sucht die österreichische Polizei
und Gendarmerie den mehrfachen Frauenmörder
Alfred Engleder aus Steyr(Ob.Öst.)Der
37 jährige Mörder,der ausserdem Vater von
3 Kindern ist,verübte vergangene Woche
eine grausige Bluttat an einer jungen
Oberösterreicherin,einige Tage später einen
neuerlichen Überfall an einer jungen Frau,
der glücklicherweise nicht als Mord endete
da der Mörder durch einen des Weges kommenden
Motorradfahrer verscheucht wurde.Aller Wahrscheinlichkeit nach dürfte Engleder auch den
Mord im vergangenen Jahr an der Krankenschwester Fluch am Gewissen haben.Heute gelang
es nun endlich einem Förster den Mörder in
der Nähe der tschechischen Grenze zu stellen
und so konnte die Gendarmerie Engleder
verhaften.Nachmittags wurde Engleder in
die Rossauerkaserne nach Wien in Untersuchungshaft überstellt.
Photo Votava.                     19.6.57

Bild zeigt: Der Abtransport des Mörders
         nach Wien vor der empörten Volks-
         menge in Hollabrunn.

Die Hauptverhandlung fand vom 4. bis zum 9. März 1958 im Kreisgericht Steyr statt. Psychiater attestierten Engleder „sadistische Züge": Es wäre ihm viel mehr darum gegangen, seine Opfer zu quälen und zu erniedrigen, als sexuelle Triebe zu befriedigen. In der Anklageschrift heißt es: „Ebenso ist auszuschließen, dass er zur Zeit seiner verbrecherischen Taten vorübergehend geistesgestört oder berauscht gewesen wäre. Der Beschuldigte war sich stets des Verbrechenscharakters seiner Handlungen bewusst. Auch kein blinder Drang beherrschte ihn, denn er war so sorgsam bedacht, sich zu decken und wo und wann ihm die Situation in dieser Hinsicht nicht genügend sicher erschien, ließ er von seinem Vorhaben ab. Bei keiner seiner Untaten bestand bei ihm ein Zustand aufgehobenen oder getrübten Bewusstseins. Er handelte vielmehr jedes Mal planmäßig, wog seine Chancen ab, achtete sorgsam auf mögliche äußere Störungsmomente und ergriff, wo ihm Gefahr drohte, die Flucht."

Das Urteil, wenig überraschend: lebenslange Haft sowie schwerer und verschärfter Kerker.

In einem Brief aus der Haft an seine zweite Ehefrau schrieb Engleder: „Den Frauen gegenüber hatte ich den größten Hass, für mich war ihr Wert gleich einer Zigarette, die man einige Zeit genießt und in den Kot wirft und zertritt."

Zeitsprung: Nach 26 Jahren Haft kommt Alfred Engleder auf Bewährung frei. Nicht, dass er sich vor Haftantritt in der Gesellschaft allgemein und in seiner Existenz im Besonderen zurechtgefunden hätte – doch sich nach einem derart langen Freiheitsentzug in einer völlig neuen Außenwelt zu orientieren ist auch für einen gesunden Menschen schwer: So landen viele Langzeithäftlinge nach ihrer Entlassung in betreuten Wohnheimen oder Klöstern, wo man sie in festen Strukturen weiterleben lässt.

Der gealterte Frauenmörder mit Geh- und Hörfehler fand „barmherzige Aufnahme" am Wiener Schottenstift, heißt: freie Kost und Logis, monatliches Taschengeld von 10 000 Schilling und eine Beschäftigung als Tischler. Engleder lernte die 26-jährige Geheimprostituierte Sonja Prychalla kennen, gab ihr immer wieder Unterschlupf, verlangte aber im Gegenzug Sex von ihr. Sie kam und ging, wie es ihr – und nicht ihm – passte, regelmäßig kam es zu Streitigkeiten: so auch am 9. April 1993. Sonja Prychalla stach dem „Maurerfäustel-Mörder" mit einem Küchenmesser in den Rücken, während er sich die Zähne putzte. Schwer verletzt ließ sie ihn liegen. Engleder schaffte es noch, um Hilfe zu rufen, und wurde für eine sofortige Notoperation ins Allgemeine Krankenhaus Wien (AKH) gebracht. Die Ärzte gaben ihm wenig Chancen. Engleder lag nicht ansprechbar auf der Intensivstation, es herrschte strengstes Besuchsverbot. Nur ein Priester wurde für die „letzte Ölung" in sein Zimmer gelassen. Sonja Prychalla kehrte währenddessen in Engleders Unterkunft zurück. Dort ermittelte bereits die Tatortgruppe und konnte die Täterin trotz Fluchtversuchs fassen.

„Engleders Todeskampf" titelte die Zeitung „Täglich Alles" am 11. April, dem Ostersonntag 1993, über einem Schwarz-Weiß-Foto von Engleder auf der Intensivstation. Die Bildunterschrift verkündete: „Exklusiv! Die ‚Bestie von Steyr' im Koma: Alfred Engleder, der ‚Mörder mit dem Maurerfäustel', ringt im Aufwachzimmer des AKH mit dem Tod". Am Ostermontag brachte sie das Bild dann noch in Farbe.

Wer konnte das Foto gemacht haben? Laut AKH gab es in dem streng abgesicherten Bereich nur einen einzigen Besucher: den „Priester". Dr. Sepp Rieder vom Gesundheitsrat zeigte sich – milde ausgedrückt – wenig entzückt, und auch der Österreichische Presserat nahm sich der Sache an. Ernsthafte Konsequenzen gab es keine – außer für Sonja Prychalla, und für Alfred Engleder: Drei Wochen später erlag er seinen Verletzungen. Pointe des Schicksals oder ausgleichende Gerechtigkeit, dass der von krankhaftem Frauenhass getriebene Mörder und Vergewaltiger selbst von Frauenhänden getötet wurde?

Begraben wurde er jedenfalls am Zentralfriedhof Wien. Sein Grab ist mittlerweile aufgelassen.

Die Verhaftung von Alfred Engleder und eine Meute zwischen Aufruhr und Kirtagsstimmung.

# JOSEF WEINWURM:
# DAS PHANTOM
# DER OPER

Wiener Staatsoper, 12. März 1963: Kurz vor Beginn der Aufführung von Richard Wagners „Walküre" um 17 Uhr wird in einer Duschkabine im zweiten Stock die elfjährige Ballettelevin Dagmar Fuhrich ermordet aufgefunden: Sie liegt in einer riesigen Blutlache, 34 Messerstiche werden auf dem Kinderkörper gezählt. Das Publikum weiß von nichts und bewundert die pompöse Vorstellung.

Gertrude G., eine 22-jährige Friseurin des Hauses, will kurz nach 17 Uhr duschen gehen und findet das kleine Mädchen nur wenige Minuten nach der Tat leblos vor. Folgende Schilderung, wie es nach dem ersten Schockmoment weitergegangen sein soll, klingt wie eine absonderliche Farce, wie sie aber nur allzu gut ins bürokratisch-betuchte Wiener Institutionswesen passt: Anstatt umgehend die Polizei zu alarmieren, informiert die Friseurin zuerst einmal eine Kollegin; die gibt dem Löschmeister der Oper Bescheid; der hält sich selbst nicht für geeignet, den Fall zu übernehmen – und ruft den Hausverwalter. Nun wird die nächsthöhere Instanz im Opernhaus um Rat gebeten: der Personaldirektor. Auch der kommt nicht auf die Idee, die Polizei zu rufen – sondern versucht mehrmals, die Spitze des Hauses via Telefon zu erreichen: Herbert von Karajan, seines Zeichens künstlerischer Leiter. Vergeblich. Der weilt gerade in St. Moritz und hebt nicht ab. Wertvolle Zeit verstreicht. Irgendwann schaltet der Personaldirektor doch noch um und marschiert auf die nächstgelegene Polizeistation in die Goethegasse – einmal über die Straße.

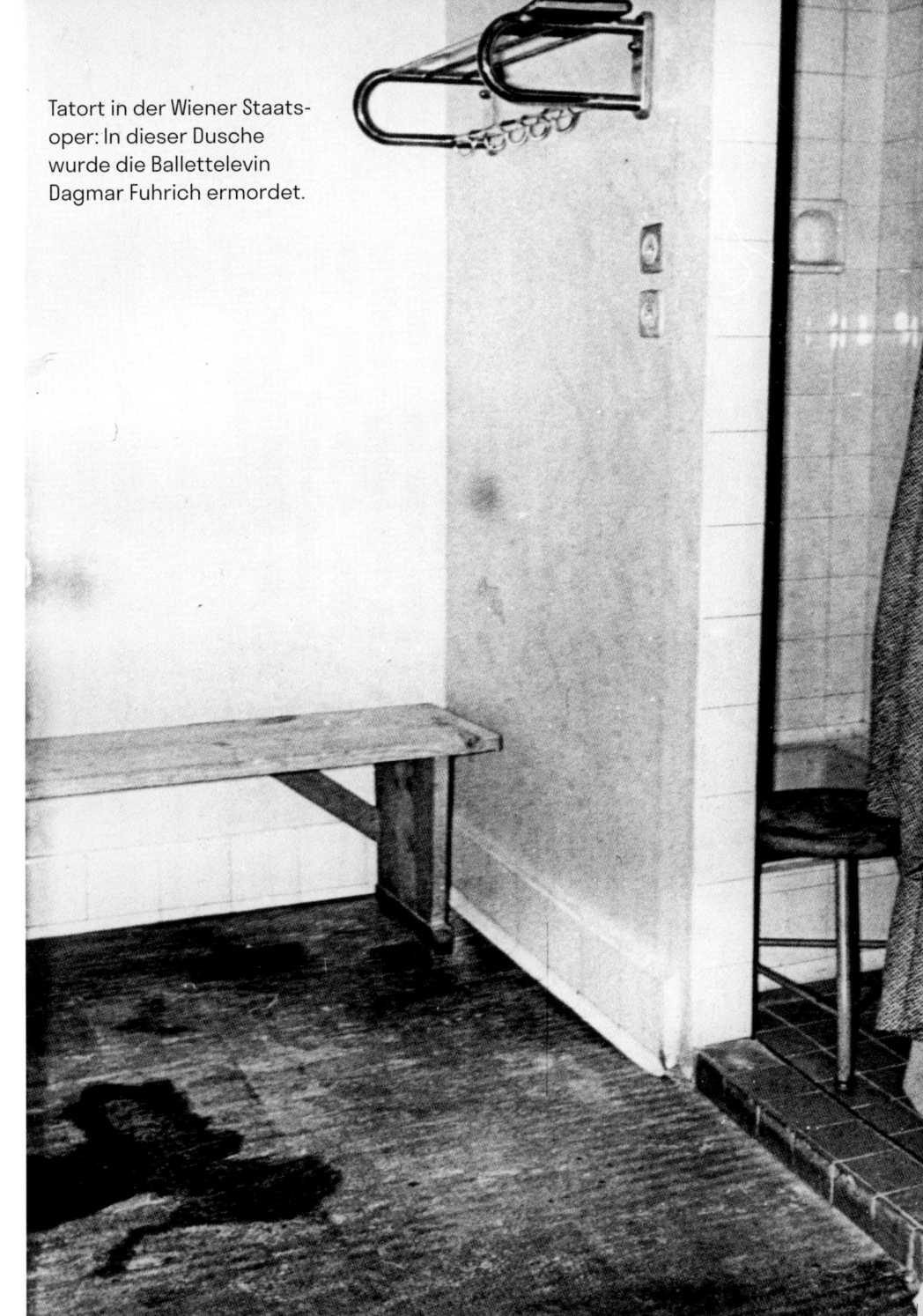

Tatort in der Wiener Staatsoper: In dieser Dusche wurde die Ballettelevin Dagmar Fuhrich ermordet.

Die Stunde, die mittlerweile vergeudet worden ist, hat dem Mörder den entscheidenden Vorsprung gegeben: Das Phantom der Oper war entkommen und saß bereits im Zug Richtung Salzburg.

Im Opernhaus ging die Vorführung weiter, als wäre nichts gewesen. Weder Publikum noch Orchester wurden über den Mord informiert. Erst nach Beendigung des wagnerianischen Getoses – „Die Walküre" dauert immerhin fünf Stunden – machte sich die Polizei bemerkbar. Der nicht gerade medienscheue Polizeipräsident Josef Holaubek war in der Zwischenzeit auch schon eingetroffen und verlautbarte, den Mörder mit allen verfügbaren Mitteln zu suchen. Oberpolizeirat Dr. Heger, der Chef vom Sicherheitsbüro, schrieb in seinem Bericht: „Die Bemühungen zur Einengung des Täterkreises waren anfangs von starkem Optimismus getragen. Als Mörder war in erster Linie eine Person anzunehmen, die im Opernhaus Bescheid wusste. Gewiss, ein sehr umfangreicher Personenkreis, aber immerhin, er war fassbar ..."

Dieser Optimismus hielt der Realität nicht lange stand, denn im Grunde konnte jeder das Opernhaus über einen der zahlreichen Eingänge betreten, ohne sich anzumelden, auszuweisen oder aufzufallen. In den folgenden Wochen wurden 14 000 Personen überprüft: Bekannte von Dagmar Fuhrich, Opernbesucher und -mitarbeiter sowie registrierte Sexualstraftäter. Zu den Verdächtigen gehörte übrigens auch der Avantgarde-Künstler Gerhard Rühm, Gründungsmitglied der Wiener Gruppe. Er selbst sagte dazu in der ORF-Sendung „Willkommen Österreich" vom 12. Juli 1999: „Da musste ich – aber nicht nur ich allein, sondern auch der Nitsch und Brus und einige meiner Freunde – mussten ein Alibi erbringen, denn jemand, der so eine Kunst macht, war damals verdächtig, auch einen Mord zu begehen."

Mithilfe der Aussage einer Elevin, die einen Mann flüchten gesehen hatte, wurde ein Phantombild erstellt und in den Medien lanciert. Die Polizei suchte nach der sprichwörtlichen Nadel im Heuhaufen, während bei einer Tageszeitung eine Postkarte eintraf, unterschrieben mit „der Mörder von der Oper": ein geschmackloser Witz.

Der Opernmord füllte nicht nur die Zeitungsspalten, sondern brachte auch die Bevölkerung in Rage. Sie forderte – wenn schon keine Lynchjustiz – zumindest die Wiedereinführung der Todesstrafe. Dem Begräbnis von Dagmar Fuhrich am 22. März 1963 am Grinzinger Friedhof wohnten 10 000 Menschen bei: Trauernde, Neugierige, Journalisten, Kriminalisten. Eine Frau stand während der gesamten Trauerfeier mit zwei Mädchen wie eine Statue in der Kälte bei der Totenkapelle: Die beiden sollten den Mörder in der Oper gesehen haben und Ausschau nach ihm halten. Womöglich, so die Vermutung, würde sich der Täter beim Begräbnis blicken lassen. Doch sie warteten vergeblich.

Auch Herbert von Karajan war anwesend und sprach den Angehörigen sein Beileid aus. Geholfen hat es freilich wenig: Die Familie Fuhrich sollte an diesem schrecklichen Verbrechen zerbrechen.

Die Suche nach dem Phantom ging weiter, führte aber zu keinen neuen Spuren, bei denen man mitfiebern konnte. Die Zeitungsspalten und die allgemeine Sensationslüsternheit wurden bald wieder von anderem dominiert: von mehreren mysteriösen Messerattacken auf Frauen in der Wiener Innenstadt im Sommer 1963, nur wenige Monate nach dem Opernmord. Die Studentin Waltraut Brunner wurde in einem Kino am Wiener Graben angegriffen, die 22-jährige amerikanische Studentin Virginia Chieffo in der Augustinerkirche, die 41-jährige Verkäuferin Maria Brunner im Stadtpark.

Am 6. Juli 1963 folgte die nächste Attacke, und zwar auf die 64-jährige Emma Laasch, als sie ihr Wohnhaus in der Tuchlauben 3 im 1. Bezirk am helllichten Tag betreten wollte: Plötzlich wurde auf sie eingestochen – diesmal mit einer Gabel. Der Täter forderte Geld, sie schrie aber so gellend, dass der Täter das Weite suchte. Emma Laasch nahm die Verfolgung selbst auf, bald eilte ein Polizist herbei, und im Nachbarhaus Tuchlauben 5 konnte ein verschwitzter Mann gestellt werden. Alle vier jüngst attackierten Frauen konnten ihn eindeutig identifizieren. Sein Name: Josef Weinwurm.

Der wurde nun gründlich verhört. Es stellte sich heraus, dass Weinwurm nach einem Aufenthalt in Salzburg in München gelandet war, wo er sich eine neue Identität zugelegt hatte. Erst wenige Tage vor der ersten von vier Messer- bzw. Gabelattacken war er nach Wien gekommen – mehr gab er vorerst nicht preis. Weinwurm war ein „Steher", einer, der nichts zugab und sämtliche Vorwürfe selbst unter erdrückender Beweislast von sich wies. Es dauerte lange und erforderte psychologische Tricks, ihn zum Reden zu bringen. Vordergründig wurden ihm die vier nichttödlichen Attacken angelastet – nicht der Opernmord, für den man ihn mittlerweile aber ebenfalls verdächtigte.

Die Beamten ließen ihn also reden, und er präsentierte von sich aus ein scheinbar stichfestes Alibi am Tag des Opernmordes mit einer Zugfahrt von Salzburg nach München. Genau das aber wurde nun geschickt abgeklopft, und es stellte sich heraus, dass er einen späteren Zug als den angegebenen genommen haben musste, wodurch ihm der Mord durchaus möglich gewesen war – und so wurde sein aus freien Stücken genanntes Alibi zur Belastung. Am 26. Juli 1963 kündigte Weinwurm den Beamten schließlich an, ihnen am Folgetag „die ganze Wahrheit" zu erzählen – und er hielt sein Wort: ohne einen Funken Reue oder Empathie. Seine einzige Emotion war Selbstmitleid für ein verpfuschtes Leben. Der Fall hatte längst für internationales Interesse gesorgt, und so titelte die ostbelgische „St. Vither Zeitung" am 31. August 1963: „Wiener Opernmord ist aufgeklärt. Messer- und Gabelstecher Josef Weinwurm gestand das scheußliche Verbrechen".

Der Fall inspirierte nicht nur die weltweite Presse, sondern auch den österreichischen Regisseur Eddy Saller: Er drehte, lose daran angelehnt, „Geißel des Fleisches" (1965), ein rares und umso gewichtigeres Aushängeschild des hiesigen Exploitationfilms mit einem inszeniert windschiefen Herbert Fux in der Hauptrolle. Im Vorspann des Milieustreifens heißt es: „Verbrechen aller Art, insbesondere Sexualdelikte nehmen in den letzten Jahren in erschreckendem Maße zu. Worin mag die Ursache liegen? Ist es eine Krankheit unserer Wohlstandszeit? Ein international bekannter Psychiater meint: ‚Es ist wahrscheinlich zeitbedingtes Unvermögen unserer Generation, das seelische Verlangen des MENSCHEN nach wahrer, innerlicher LIEBE zu erfüllen. Bedauernswert jene unter uns, denen in der Jugend die LIEBE einer Mutter, eines Vaters oder auch eines Freundes versagt geblieben ist – denn hier kann sich eine seelische Fehlentwicklung vollziehen, nicht zuletzt auf sexuellem Gebiete. Solche Menschen sind eine Gefahr für ihre UMWELT. Oft eine tödliche Gefahr für unsere Frauen und Mädchen! Aber wird in unserer Zeit nicht diese GEFAHR noch gefördert durch übersteigerte Betonung alles EROTISCHEN, durch fast schon abstoßende ZURSCHAUSTELLUNG sexueller Reize im alltäglichen LEBEN?" – bevor man die Augen des Lustmolches Herbert Fux in Nahaufnahme sieht, gegengeschnitten mit sexy Werbeplakaten und Wiener Mädels in Miniröckchen, die nicht mit ihren Reizen sparen. Der Film ist ein überzeichnetes Kind seiner Zeit und des Exploitationgenres, das, verglichen mit gegenwärtigen Darstellungen von Sex und Gewalt, in einer harmlosen Bahnhofskinoliga spielt.

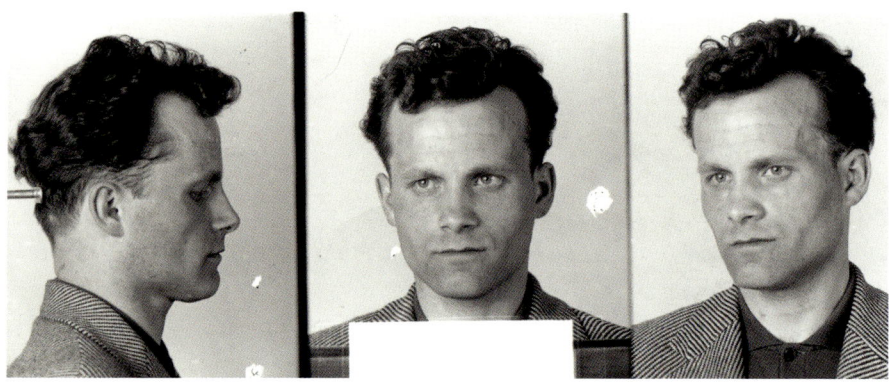

Menschenschlange vor dem Wiener Landesgericht
beim Prozess gegen den sogenannten Opernmörder.

Auch an Georg Danzer ging der Mord an Dagmar Fuhrich nicht spurlos vorüber: Das Ergebnis seiner eher humoristischen Annäherung ist der Song „Die Moritat vom Frauenmörder Wurm" (1978).

Beim Prozess im April 1964 schienen die Zuschauerschlangen vor dem Wiener Landesgericht endlos – die Geduld der Neugierigen ebenso. Weinwurms Pflichtverteidiger Dr. Christian Prem bekam während der Verhandlungen Drohbriefe. „Ich nehme so etwas natürlich nicht ernst", sagte er in der „Zeit im Bild" vom 8. April 1964: „Es gehört zu den beschworenen Pflichten und Verpflichtungen unseres Standes, dass wir einen Angeklagten, den wir als Ex-offo-Verteidiger oder als Armenverteidiger zugewiesen bekommen, genauso verteidigen, wie wenn es sich um eine gewählte Verteidigung handelt, also wenn ich die Vollmacht des betreffenden Angeklagten bekommen habe – und diese Pflicht werde ich auch durchführen."

Im Zuge der Verhandlung wurde anhand von Weinwurms Biografie und Strafakt auch nach seinen Motiven geforscht. Vieles wird für immer unklar bleiben – auch, weil sein Akt aus dem Wiener Stadt- und Landesarchiv verschwunden ist, wahrscheinlich gestohlen wurde. Doch einige Anhaltspunkte lassen sich dennoch festhalten: Die Eltern des 1930 im niederösterreichischen Bezirk Hollabrunn geborenen Josef Weinwurm waren nach Ende des Zweiten Weltkriegs von der kleinen Marktgemeinde Haugsdorf nach Wien gezogen und führten dort eine Greißlerei. Ihr Sohn begann früh, sich mit Einbrüchen und Diebstählen über Wasser zu halten, wurde – laut Eigenempfinden – schon als Bub von Mädchen ausgespottet und abgelehnt. Er entwickelte eine regelrechte Abscheu – nicht vor individuellen Frauen, sondern generell dem weiblichen Geschlecht gegenüber.

Mit 17 Jahren hatte er versucht, ein kleines Mädchen in einer Schule unter Schusswaffenandrohung zu vergewaltigen; mit 19, eine Frau zu erstechen. Ein damaliger Gutachter meinte: „Der Beschuldigte ist in die Kategorie der Schizophrenen einzuordnen", und empfahl, den jungen Weinwurm, der sich „als gemeingefährlich erwiesen hatte, in einer geschlossenen Anstalt zu internieren." Er landete auf der Baumgartner Höhe, wurde dort aber nach einem Jahr in psychiatrischer Behandlung als „nicht mehr anstaltsbedürftig" entlassen. Erst eine Woche vor dem Opernmord war der 33-jährige Weinwurm aus dem Arbeitshaus Göllersdorf entlassen worden. Er hatte also schon einiges auf dem Kerbholz, als er den Opernmord beging, und war mehrfach polizeilich registriert: allerdings als Einbrecher und Dieb, nicht als Triebtäter – weswegen er nicht zum Kreis der Verdächtigen gehört hatte.

Man kam zu dem Ergebnis, dass Weinwurms Motiv für den Mord an Dagmar Fuhrich und seine weiteren Attacken purer Frauenhass gewesen war. Bevor er am 12. März 1963 in die Staatsoper gefahren war, hatte er sich mit seiner Mutter gestritten und war deswegen erst recht aggressiv gewesen. Er hatte in einer Stehweinhalle einige Gläser Wein getrunken, um seine Hemmungen loszuwerden, und sich dann mit einem Messer in die Oper geschlichen.

Dagmar Fuhrich war wegen einer Ballettprobe im Haus, und als sie am Gang vorbeikam, täuschte Weinwurm vor, ein Arzt zu sein und sie untersuchen zu müssen. Sie war – so banal das auch klingen mag – zur falschen Zeit am falschen Ort, eine Opfer-Täter-Beziehung hatte es nicht gegeben: Weinwurm habe zuvor schon eine Friseurin der Oper im Auge gehabt, doch jemand habe die Situation gestört und er auf die nächste Möglichkeit gewartet. Bei Dagmar Fuhrich kam ihm niemand dazwischen – und das besiegelte ihr Schicksal.

Josef Weinwurm wurde am 11. April 1964 wegen Mordes und dreifach versuchten Mordes zu lebenslänglichem, schwerem Kerker verurteilt. Verschärft wurde die Strafe durch „einen Fasttag und ein hartes Lager pro Monat, weiters an den Jahrestagen seiner Taten Dunkelhaft bei Wasser und Brot". Die allgemeine Genugtuung hielt sich in Grenzen, Dagmar Fuhrich konnte auch durch diese Strafe nicht zurückgebracht werden – aber immerhin blieb der Rechtsstaat gewahrt.

Weinwurms Schlussplädoyer im Gerichtssaal war einprägend: „Wenn man mich aus der Haft entlässt, werde ich es wieder tun. Schuld sind dann nur die, die mich wieder herauslassen." Er wurde zum bis dato „längstdienen-

Die Kleidungs-
stücke, die Josef
Weinwurm beim
Mord in der
Wiener Staatsoper
getragen hat: eine
grüne Kunststoff-
tasche, ein Sakko
und ein Schal.

den" Häftling Österreichs und saß 41 Jahre im Gefängnis, von seiner Verurteilung 1963 bis zu seinem Tod 2004. Besucher gab es für ihn kaum, auch mit anderen Häftlingen war er nicht befreundet. Die einzigen Lebewesen, mit denen
er Kontakt hatte, waren Tauben, die er mit eingeweichtem Brot fütterte.

Bei seinem Armenbegräbnis am 7. September 2004 auf dem Kremser
Friedhof gab es keinen Partezettel. Seine Schwester kam auch nicht zur Be-
stattung. Als einziger Gast erschien: ein dazu veranlasster Beamter von der
Justizanstalt Stein.

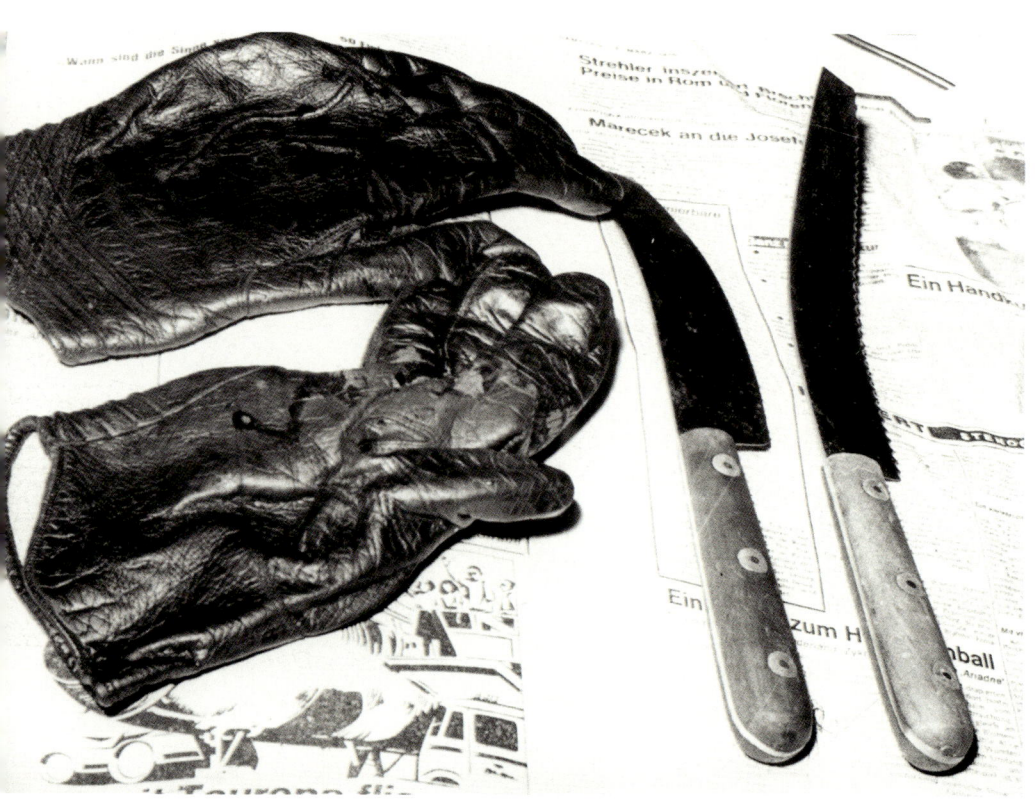

Wenn banale Gegenstände zu fatalen Waffen werden.

GESTERN AM SPÄTNACHMITTAG IN WIEN FAVO-
RITEN AMOKLAUF AUS EIFERSUCHT, FORDERT
2 TOTE UND 4 SCHWERVERLETZTE

Aus rasender Eifersucht und aus Rache
für seine verschmähte Liebe, richtete
gestern am Spätnachmittag der Italiener
Fabricio SCARAMBONE in der Favoritenstra-
ße ein schreckliches Blutbad an. Nachdem
er seiner ehemaligen Verlobten Brigitte
PRAXL eine Szene gemacht hatte begann er
unvermutet um sich zu schießen, traf den
Mann Brigittes schwer, verletzte den 26
jährigen Hans WENKO, ferner die 16jährig
Elfriede Spielvogel und Frau RULAND und
tötete die Passantin Wilhelmine VALASEK
zuletzt richtete er sich durch Kopfschu
selbst.

# MORDLUST

Töten um des Tötens willen. Aus reiner Mordlust. Ohne Motive wie Habgier, Rache oder Eifersucht. Die Opfer sind meist austauschbar, die Tötung ist dem Täter reiner Selbstzweck. Mutmaßungen und Theorien zu entsprechenden Fällen füllen ganze psychologische Bibliotheken – und geben nach wie vor Rätsel auf. Doch zwei Beispiele, die in der österreichischen Kriminalgeschichte für Schrecken und Befremdung sorgten, sollen an dieser Stelle nicht unerwähnt bleiben.

# WERNER KNIESEK: HAFTURLAUBER UND VILLENMÖRDER

1983 kam der irrlichternde Ausnahmefilm „Angst" des österreichischen Regisseurs Gerald Kargl in die Kinos – allerdings nicht in viele: Die auf dem Fall Werner Kniesek beruhende Bilderflut des Horrors war zu extrem, wurde ein kommerzieller Flop und in zahlreichen Ländern sogar noch vor einer möglichen Premiere verboten. Später erlangte das in der hiesigen Filmlandschaft einmalige Werk – übrigens Kargls einziger Spielfilm – mit seiner eigenwillig-innovativen Kameraführung, dem überzeugenden Hauptdarsteller Erwin Leder und dem düsteren Hintergrund obskuren Kultstatus. Doch sogar der Regisseur selbst hielt den Film über 40 Jahre „unter Verschluss" und lässt ihn nun erstmals wieder öffentlich zeigen.

Werner Kniesek kam 1946 in Salzburg als uneheliches Kind einer Witwe und eines US-Besatzungssoldaten zur Welt, das seinen Vater nie kennenlernen sollte. In seinen frühen Jahren machte er den Eindruck eines braven, umgänglichen Buben, doch als Teenager fing er an, auszureißen, die Schule zu schwänzen, zu stehlen – und bald folgten Dinge, die nicht mehr als Lausbubenstreiche durchgingen.

Die alleinstehende Mutter war mit der Situation überfordert und wollte ihren Sohn 1962 in ein Heim geben. Als der 16-Jährige das erfuhr, griff er sie mit einem Messer an, ließ sie mit lebensgefährlichen Verletzungen liegen, steckte ihr Geld ein und floh nach Hamburg. Dort wurde er zwei Tage später gestellt: zwei Jahre Jugendhaft auf versuchten Mord.

Der versuchte Muttermord markiert nicht das Ende, sondern den Beginn einer kaltblütig-kriminellen Karriere, angetrieben von sadistischen Tötungsfantasien, die immer realer wurden. Kniesek heiratete eine Prostituierte und geriet wiederholt wegen verschiedener Delikte in Haft. Mit Einbruch und Diebstahl war er bestens vertraut, doch 1972 schoss er mitten in Salzburg grundlos eine 73-jährige Frau nieder. Es folgte eine achteinhalbjährige Haftstrafe.

Im Jänner 1980, wenige Wochen vor seiner Entlassung aus der Justizanstalt Garsten, erhielt Kniesek einen dreitägigen Hafturlaub: Dass er so kurz vor seiner Enthaftung draußen Blödsinn machen würde, glaubte niemand – weil es schlicht sinnlos wäre. Der offizielle Zweck seines Ausgangs war, sich in der Außenwelt zurechtzufinden und eine Arbeit zu suchen. Kniesek, mittlerweile 33 Jahre alt, hatte fast die Hälfte seines Lebens in Verwahrung verbracht.

In Gefängnis in Garsten hatte er durch die illegale Herstellung von Schnaps in seiner Zelle – im Rotwelsch, der Gaunersprache, „Pomatschka" genannt – genug Geld verdient, um gleich bei „Urlaubsantritt" von Oberösterreich nach Wien zu fahren und sich dort eine Gaspistole zu kaufen. Er besorgte sich einen Aktenkoffer, Mullbinden und Klebeband, bevor er sich in einer kleinen Wiener Pension einquartierte. So ausgerüstet und – davon kann man ausgehen – mit Tötungsabsicht, drang er am 16. Jänner 1980 in zwei Wohnhäuser in Hietzing ein. Offenbar enttäuscht, keine Menschenseele vorzufinden, zog er wieder ab.

Danach fuhr er mit dem Zug nach St. Pölten – warum St. Pölten, konnte nie geklärt werden, da er dorthin keinerlei Verbindung hatte. Von einem Taxi ließ er sich gegen 15 Uhr in das noble Viertel am Kupferbrunnberg bringen, läutete bei verschiedenen Häusern an und gab sich als Teppichvertreter aus. Es mag reiner Zufall sein, aber in dieser Gegend in St. Pölten hatte auch der mehrfache Frauenmörder Max Gufler gewohnt und seine Massenbeute gehortet, nachdem er als vorgetäuschter Vertreter jahrelang herumgekommen war.

Bei einer Baumeisterfamilie wurde Kniesek von einer Frau die Tür geöffnet, er aber vom Hund abgeschreckt. Bei der nächsten Villa – in der direkt zum Friedhof führenden Fuchsenkellerstraße – sah er einen Mann am Fenster im ersten Stock. Kniesek schlug eine Scheibe ein und verschaffte sich Zutritt. In der Villa stieß er auf den seit frühester Kindheit im Rollstuhl sitzenden 26-jährigen Walter Altreiter: für Knieseks sadistische Begierden ein gefundenes Fressen. Von ihm erfuhr er außerdem, dass hier noch Walter Altreiters 24-jährige Schwester Ingrid sowie die 55-jährige Mutter Gertrude wohnten: Die waren gerade einkaufen und würden erst am Abend wiederkommen. Als die beiden gegen 18 Uhr eintrafen, empfing Kniesek sie bereits mit seiner Waffe im Anschlag. Die Schwester fesselte er sofort; die Mutter dachte anfangs, es würde sich um einen simplen Raubüberfall handeln, und stellte dem Eindringling einen Scheck über 20 000 Schilling aus. Kniesek aber hatte andere, völlig abstruse Absichten und verlautbarte unmissverständlich, dass niemand das Haus lebend verlassen würde. Niemand außer ihm.

Er entkleidete Ingrid Altreiter und quälte sie vor den Augen der herzkranken Mutter. Als diese die Besinnung verlor, befahl Kniesek der Tochter, ihr Herztropfen einzuflößen – nicht aus Barmherzigkeit, sondern im Gegenteil: um sie zu zwingen, seine Folterungen bei vollem Bewusstsein mit anzusehen. Ihm war es wichtig, dass seine Taten gesehen wurden und er maximalen Schrecken verbreiten konnte. Als makabres Vorspiel seiner Todesdrohungen sollte er gegen 20 Uhr die Hauskatze erwürgen.

Wenig später hatte Ingrid Altreiter Kaffee zu kochen, Kniesek trank eine Tasse mit ihr. Doch von Wohlbehagen keine Spur, er zog sein Spektakel in die Länge und genoss seine Macht. Er folterte nun den im Rollstuhl sitzenden Walter Altreiter und erwürgte ihn gegen 23 Uhr mit bloßen Händen vor den Augen seiner Familie. Später sollte Kniesek aussagen, dass er großes Gefallen am Entsetzen seiner Zeuginnen gefunden hatte.

Danach zerrte er die Leiche aus dem Rollstuhl und schleppte sie zur Mutter. Stundenlang malträtierte er die Frauen weiter. Um zwei Uhr nachts erdrosselte er die Mutter – sicherstellend, dass ihre Tochter dabei zusehen würde. Ihr Martyrium hatte noch kein Ende: Er schleifte Ingrid Altreiter in den Keller, band sie an Heizungsrohren fest und misshandelte sie weiter, bis er sie in der frühen Morgendämmerung erwürgte. Die tote Familie lag verstreut in der Villa. Nur eine Person hatte Glück gehabt: eine 21-jährige Untermieterin der Familie Altreiter, die durch puren Zufall nicht im Haus war. Sie hatte ihren freien Tag mit einem Kollegen getauscht und war in der Arbeit.

Kniesek schleppte die drei Leichen in den Kofferraum des Familienautos und reinigte den Tatort derart penibel, dass die Sachverständigen später staunten: Sie konnten keinerlei Blut- oder Kampfspuren feststellen. Gegen acht Uhr früh verließ er das Haus, schnappte sich den Mercedes seiner Opfer und löste beim ersten Stopp den Scheck über 20.000 Schilling ein. Danach ging er frühstücken in ein nahe gelegenes Gasthaus in Karlstetten, machte sich dort aber verdächtig: Er trug schwarze Handschuhe, die er auch während des Essens nicht auszog, hantierte mit den Tausend-Schilling-Scheinen und

**ER TRUG SCHWARZE HANDSCHUHE, DIE ER AUCH WÄHREND DES ESSENS NICHT AUSZOG, HANTIERTE MIT DEN TAUSEND-SCHILLING-SCHEINEN UND SPRACH KAUM EIN WORT.**

sprach kaum ein Wort – außer dass er sich nach der nächsten Autobahnauffahrt erkundigte, um nach Wien zu kommen, ohne allerdings St. Pölten zu durchkreuzen. Ein Kellner der Gaststätte notierte Knieseks Autokennzeichen und alarmierte die Gendarmerie. Die stellte fest, wem es gehörte, fuhr zur Altreiter-Villa und entdeckte dort ein eingeschlagenes Fenster. Von keinem der Hausbewohner war eine Spur zu finden, sofort wurde eine österreichweite Fahndung eingeleitet.

Kniesek war da schon längst über alle Berge – in Salzburg. Am Südtiroler Platz, direkt vor dem Hauptbahnhof, wurde das gestohlene Auto kurz vor Mitternacht gefunden. Polizisten legten sich auf die Lauer und nahmen ihn fest, als er zurückkehrte. Das Heck des Autos hing stark nach unten, also öffneten die Beamten als Erstes den Kofferraum: Unter ein paar Decken fanden sie drei Menschenleichen. Und eine tote Katze.

Zu Beginn des Verhörs wies Kniesek sämtliche Anschuldigungen zurück, versuchte aber zwei Mal, sich in seiner Zelle am Salzburger Landesgericht umzubringen: durch Erhängen bzw. durch Aufbeißen der Pulsadern. Beide Male wurde er von Justizbeamten daran gehindert. Wenig später legte Kniesek ein Geständnis ab und gab an, aus reiner Mordlust gehandelt zu haben; dass er die Todesangst der Frauen genossen habe und dieses Tötungsbegehren wie eine Sucht sei. Ein Gerichtspsychiater beurteilte Kniesek als „schwer abnorm, aber nicht geisteskrank".

Die Gerichtsverhandlung zog die nationale und internationale Presse an, und Dr. Hofbauer, der Verteidiger des Mehrfachmörders, bat in seinem Plädoyer um eine Schweigeminute für die Opfer. Am 4. Juli 1980 wurde Kniesek zu lebenslanger Haft und zur Einweisung in eine Anstalt für geistig abnorme Rechtsbrecher verurteilt.

In seinem Schlusswort erwähnte der Verurteilte einen Brief aus dem Jahre 1972, in dem er bereits selbst um Termine bei einem Psychiater angesucht hatte. Hätten diesbezügliche Untersuchungen und darauf folgende Behandlungen stattgefunden, hätte man Schlimmeres verhindern können, so Knie

Der Geschworenenprozess gegen den Dreifachmörder Werner Kniesek.

sek. Auch während früherer Haftstrafen hatte er schon über seine Tötungsfantasien geschrieben, aber offenbar hatte man ihn nicht ernst genommen.

Es gibt allerdings ein Interview aus einer „Zeit im Bild"-Ausgabe von 1980 mit einem psychiatrischen Gerichtsgutachter, der Kniesek schon zweimal untersucht hatte, 1962 und 1972. Dieser meinte, es wäre klar gewesen, dass Kniesek ein Wiederholungstäter sei. Die einzigen Fragen wären gewesen: wann, wie und wo. Dennoch weist er die Verantwortung von sich, daran schuld zu sein, ihn nicht richtig behandelt zu haben, weil darüber das Gericht zu urteilen hätte – er wäre nur der Gutachter gewesen. Das Problem wäre viel eher, dass das Gericht nicht nach seinem Gutachten geurteilt und ihn bei der Verhandlung auch nicht ausführlich genug befragt hätte. „Irgendwer hätte doch aus den Akten erkennen müssen, dass er immer zu so etwas bereit ist. Dass es gleich drei Menschen sind, ist katastrophal", beschließt der Gutachter das Interview.

Es wurde in diesem Zusammenhang auch gerätselt, was Psychiatrie bei solchen Menschen bewirken könne und wie groß ihre Macht tatsächlich sei. Norbert W., Psychologe der Justizanstalt Garsten, fasste den komplizierten Sachverhalt – ob Kniesek nach einer frühzeitigen psychiatrischen Behandlung „entschärft" worden oder nach wie vor gefährlich gewesen wäre – in einem ORF-Interview vom 22. Jänner 1980, so zusammen: „Es gehen die Meinungen hier auseinander. Die einen glauben, der Psychiater ist in der Lage in einen hineinzusehen, die anderen sagen, es ist nicht möglich. Wenn Sie mich fragen, ob der Herr Kniesek bei seiner Strafentlassung [nach einer psychiatrischen Behandlung, Anm. d. Verf.] rückfällig geworden wäre, dann würde ich sagen, da hätten Sie einen Hellseher fragen müssen, oder das Institut für Grenzgebiete der Psychologie in Freiburg."

Der Fall Kniesek wurde auch vom damaligen Justizminister Christian Broda zum Thema gemacht. Broda setzte mehr auf Psychologie und Resozialisierung als auf drakonische Strafen, er hatte 1975 die Gleichstellung von Mann und Frau durchgesetzt sowie die Strafbarkeit von Homosexualität und (reglementiertem) Schwangerschaftsabbruch aufgehoben. Im selben Jahr war zudem der Begriff der Unzurechnungsfähigkeit dahingehend erweitert worden, dass abnorme Rechtsbrecher im Maßnahmenvollzug auch über die Dauer ihrer gerichtlichen Verurteilung hinaus in Haft bleiben konnten – gesetzt den Fall, sie würden weiterhin eine Gefahr für die Bevölkerung darstellen, wie Broda hervorhob. Sein Punkt war: Hätte Knieseks Verurteilung aufgrund seiner irrsinnigen Schussattacke 1972 nach dieser Gesetzesnovellierung stattgefunden, wäre er bis auf Weiteres in Haft geblieben – und die Ermordung der Familie Altreiter hätte verhindert werden können.

Auch eine eigene Arbeitsgruppe wurde eingerichtet, die jene geistig abnormen Rechtsbrecher erfassen sollte, die noch vor 1975 verurteilt worden waren, aber womöglich auch nach ihrer geplanten Haftentlassung zu Rückfalltätern werden könnten. Broda betonte die Wichtigkeit der ärztlichen und wissenschaftlichen Beratung im Strafvollzug sowie von Sonderanstalten mit angepasster Behandlung, um die Gesellschaft zu schützen.

Diese Debatten hatten langfristige Auswirkungen. Broda in der Parlamentssitzung vom 12. Juni 1981: „Im Übrigen darf ich hinzufügen, dass der Verurteilte Kniesek seit einigen Tagen im Pavillon 23 des Psychiatrischen Krankenhauses der Stadt Wien [auf der Baumgartner Höhe, und vorläufig nicht mehr in der Strafvollzugsanstalt Stein, Anm. d. Verf.] untergebracht ist. Ich sage gleich: unter den erforderlichen Sicherheitsvoraussetzungen, wo eine intensive Beobachtung und nötigenfalls Behandlung gem. § 21 Abs. 2 als geistig abnormer Rechtsbrecher möglich ist."

Christian Brodas grundlegende Utopie war die einer gefängnislosen Gesellschaft – Werner Kniesek schien wie das lebendige Gegenargument. 1983 unternahm Kniesek einen – gescheiterten – Ausbruchsversuch aus der Justizanstalt Stein, er sitzt nach wie vor hinter Gittern.

# GÜNTER LORENZ: DER KILLER MIT DEM MILCHGESICHT

Ungargasse 12, 3. Bezirk in Wien: Am 15. Februar 1983, dem Faschingsdienstag, werden zwei Leichen gefunden. Es handelt sich um die 43-jährige Sieglinde Eckert und ihre älteste, 18-jährige Tochter Ursula. Sie liegen schwer entstellt in ihrer Wohnung. Durch Schüsse mit Explosivgeschossen wurde ihnen der Kopf buchstäblich weggeblasen. Den Beamten gelingt deswegen nicht einmal, zwischen Mutter und Tochter zu unterscheiden.

Nicht, dass die Familie ohne diesen Doppelmord nicht schon genug mitgemacht hätte: Der Vater war drei Jahre zuvor an Tuberkulose gestorben. Immerhin hatte es der Versicherungsmakler noch geschafft, seiner Familie mehrere Eigentumswohnungen zu hinterlassen. Die Mutter, allein mit fünf Kindern, galt aber als schwer belastet und labil. Zuerst vermutete die Polizei, sie habe in einem psychotischen Anfall zwei ihrer Töchter getötet und wäre geflohen.

Die elfjährige Tochter Karin war die Erste, die das Blutbad vorfand, als sie gegen 14 Uhr von der Schule heimkam. Geschockt rannte sie aus der Wohnung und schlug Alarm. Erst die 16-jährige Tochter Barbara konnte feststellen, dass es sich bei einer Leiche um ihre Mutter und keine Schwester handelte.

Die Nachbarn hatten weder verdächtige Personen gesehen noch Schüsse gehört. Da sich keine Einbruchsspuren in der Wohnung finden ließen, gingen die Beamten davon aus, dass der Täter aus dem Freundeskreis stammte. Eine Freundin von Ursula Eckert erzählte den Ermittlern, dass diese kurz vor ihrer Ermordung noch gesagt habe, dass ihr Ex-Freund Paul sie unlängst besucht hatte – und zwar bewaffnet. Ihr war das nicht geheuer, und sie brach den Kontakt ab.

Paul, so stellte sich bald heraus, hieß in Wirklichkeit Günter Lorenz, war 18 Jahre alt, hatte gerade die Matura mit Auszeichnung bestanden und an der Uni Wien für Kunstgeschichte inskribiert. Bei ersten Verhören bestritt er jeglichen Zusammenhang mit dem Doppelmord, eine Hausdurchsuchung brachte allerdings Gegenstände seiner Ex-Freundin und ihrer Mutter zum Vorschein.

Lorenz tischte nun eine neue Geschichte auf: Er habe Ursula Eckert überfallen wollen, allein jedoch nicht den Mut dazu gehabt, weswegen er seinen Cousin Peter Daubinger gebeten habe, die Aktion mit ihm durchzuziehen. Der 16-jährige Daubinger habe dann überraschenderweise eine Schusswaffe mitgebracht, die Morde verübt und wäre mit dem Großteil der Beute – mit 8000 von 10 000 Schilling – verschwunden. Nun wollte man natürlich auch Daubinger befragen – der aber war unauffindbar. Eine Großfahndung wurde eingeleitet, während in den Nachrichten bereits reißerisch gewarnt wurde: Doppelmörder auf der Flucht!

Lorenz wurde in den folgenden Tagen endlosen Verhören ausgesetzt, bis er sich in Widersprüche verwickelte. Es stellte sich heraus, dass keine 10 000, sondern maximal 2000 Schilling gestohlen worden waren. Nun war nicht nur Daubinger, sondern auch dessen „Löwenanteil" verschwunden – und langsam entrollten sich bei den Befragungen die wahren Hintergründe: Lorenz soll des Öfteren mit einer Gruppe junger Männer durch den Wienerwald gestreift sein, um in alten Bunkern Krieg zu spielen – mit echten Waffen, wohlgemerkt. Dem nicht genug, hatte Lorenz sich in einem Wiener Waffengeschäft – völlig legal – einen Militärkarabiner mit Explosivmunition gekauft, die normalerweise zur Großwildjagd verwendet wird. Den Kolben hatte er ab-

Der abgesägte
Militärkarabiner
und Explosiv-
munition, die sonst
zur Großwildjagd
verwendet wird.

gesägt, um die Waffe versteckt tragen zu können; als Schalldämpfer diente ihm ein 90 x 200 Zentimeter großer Teppich. So aufmunitioniert machte er sich auf den Weg zu seiner Ex-Freundin, um sie kaltblütig zu ermorden. Die Mutter dürfte gerade vom Einkaufen zurückgekommen sein, als Lorenz sich noch in der Wohnung in der Ungargasse befand: Ihr Todesurteil fiel also rein zufällig.

In weiterer Folge kam heraus, dass Lorenz auch seinen Cousin Daubinger auf dem Gewissen hatte: Ihn hatte er eine knappe Woche vor dem Doppelmord, am 9. Februar 1983, zu „Schießübungen" zu einer verlassenen Baustelle in der Nähe der Reichsbrücke gelockt, dort mit drei Schüssen getötet und ihn am Donauufer verscharrt. Drei Tage später grub er die Leiche wieder aus und enthauptete sie, um Körper und Kopf an verschiedenen Stellen zu verstecken und damit die Identifizierung zu erschweren.

Bei den drei Tötungen war kein klares Motiv zu finden, sie schienen völlig grundlos bzw. aus purem Selbstzweck erfolgt zu sein. Obwohl er seine Opfer kannte, ging die Polizei von reiner Mordlust aus; auch wenn Lorenz anklingen ließ, es wäre doch um Geld gegangen; oder um eine Waffe; oder um eine Verschwörung gegen ihn. Nichts davon ergab für die Ermittler Sinn.

Lorenz zeigte keinerlei Reue oder Mitgefühl. Sein Geständnis verfasste er schriftlich, und kurz davor fragte er noch mit einem Lächeln, ob er in Haft ein Studium absolvieren und Sport betreiben könne. Diagnostiziert wurden bei ihm eine Persönlichkeitsstörung und seelische Abartigkeit in höherem Maße, aber er wurde als zurechnungsfähig eingestuft.

Sein Verteidiger Gunther Gahleitner versuchte der schlechten Kindheit seines 1964 in Wels geborenen Mandanten die Schuld zu geben. Seine Mutter hatte sich immer wieder ins kriminelle Milieu verirrt, weswegen Lorenz mit fünf Jahren zu einer Pflegefamilie gekommen war. Nach dem frühen Tod seiner Mutter kam er von Wels zu anderen Pflegeeltern nach Wien. Hier besuchte er das Gymnasium Stubenbastei, galt als Einzelgänger, aber auch als sehr intelligent. Dass er aus desolaten Verhältnissen kam, verschwieg er und behauptete

Lokalaugenschein am Tatort in der Ungargasse mit Günter Lorenz.

stattdessen, aus einer wohlhabenden Familie zu stammen. Das Interesse des Klassenbesten galt Sartre, Camus und der Philosophie des Existenzialismus.

Lorenz wurde „Der Killer mit dem Milchgesicht" genannt, bekam aber nicht nur negative Rückmeldungen: Das Magazin „Stern" übernahm seine gesamten Anwaltskosten – für sämtliche Buch- und Filmrechte im Gegenzug. Womöglich erhoffte man sich einen ähnlichen Bestseller wie bei Heinz Sobotas biografisch geprägtem „Minus-Mann", der erst wenige Jahre zuvor erschienen war.

Am 14. März 1984 verkündete Richter Paul Weiser für Günter Lorenz die Höchststrafe von 20 Jahren Haft – da er noch nicht 21 Jahre alt war, war eine lebenslange Haft ausgeschlossen – sowie eine anschließende Verwahrung in einer Anstalt für geistig abnorme Rechtsbrecher auf unbestimmte

Abtransport der Mordopfer aus der Ungargasse.

Zeit. Der Verurteilte bat um drei Tage Bedenkzeit. Auf dem Weg aus dem Verhandlungssaal grinste er in die Gesichter der zahlreichen Schaulustigen und der nicht weniger zahlreichen Kameras.

Dass der von Lorenz ermordete Peter Daubinger in den Medien mit Fotos – lächelnd auf einer Vespa sitzend – als „Killer" und „Doppelmörder" bezeichnet wurde, löste nach Prozessende große Empörung aus, waren diese Sensationsmeldungen doch lediglich auf die Aussagen des wahren Täters gestützt. Weiters wurde Daubinger bezichtigt, aus der Neonazi-Szene und Mitglied der ANR (Aktion Neue Rechte) gewesen zu sein. Die „Arbeiter-Zeitung" vom 17. Februar 1983 brachte die Schlagzeile: „Schulkollege heuerte Killer, Doppelmörder war Neonazi." Die Unterstellungen erwiesen sich als haltlos, einige Zeitungen druckten später von sich aus Entschuldigungen ab.

Kurzzeitig kam es in der Folge auch zu politischen Diskussionen, die Waffengesetze zu verschärfen – doch Innenminister Erwin Lanc und der Abgeordnete Hans Hobl meinten, auch dadurch keine Bluttaten verhindern zu können. Kritisiert wurde dennoch, dass der Erwerb von Langwaffen wie Pumpguns und Karabinern um ein Vielfaches einfacher wäre als der von Faustfeuerwaffen. Da aber in Österreich Hunderttausende legale Waffenbesitzer registriert waren, denen man einzeln nachgehen hätte müssen, wenn ein eigener Waffenschein für Langfeuerwaffen eingeführt worden wäre – wurde eben nichts an den bestehenden Regeln geändert, auch wenn sie vielen unsinnig erschienen.

Gunther Gahleitner blieb auch nach der Verurteilung mit seinem Mandanten in Kontakt und versprach, ihm im Fall einer Entlassung zu Wohnung und Beruf zu verhelfen. 2003 sah es dann plötzlich so aus, als hätte er dieses Versprechen tatsächlich einzulösen: Nach 20 Jahren Haft sollte Lorenz' Entlassung winken. Ein Gutachten bestätigte, dass er durch die psychologische Betreuung in der Haftanstalt Mittersteig enorme Fortschritte gemacht hatte. Der Job in Gahleitners Anwaltskanzlei schien nicht mehr weit entfernt.

Seine Freilassung wurde aber durch ein weiteres psychiatrisches Gutachten verhindert, das ihm eine „andauernde Gemeingefährlichkeit" attestierte. Was unmittelbar danach passierte, wurde im Wochenmagazin „News" vom 24. November 2004 so dargestellt: „Dreifach-Mörder nach Randale im Hungerstreik in Stein. Gutachten verhinderte die Haftentlassung von Günter Lorenz – der 39Jährige drehte durch, zertrümmerte die Zelle und trat in Hungerstreik." Im Artikel heißt es weiter: „Es muss ein Bild wie aus ‚Schweigen der Lämmer' gewesen sein. An Händen und Beinen gefesselt wurde der 39jährige Häftling Günter Lorenz [...] aus der Vollzugsanstalt Mittersteig in Wien Ende der Vorwoche nach Stein gebracht. Zuvor hatte der bisherige ‚Musterhäftling' erfahren, dass seine Entlassung durch ein psychiatrisches Gutachten verhindert worden war. Darin ist festgestellt worden, dass bei Lorenz ‚die Gefahr besteht, dass er auf Grund seiner massiven Persönlichkeitsstörung auch in Hinkunft schwere Straftaten' begehen könnte." Es bedurfte sieben Beamter, um ihn zu überwältigen.

Lorenz wurde in den Haftjahren wiederholt von verschiedenen Psychiatern untersucht, die zu verschiedensten Schlüssen kamen: von „geheilt" bis „brandgefährlich" wurde ihm alles Mögliche und dessen Gegenteil attestiert.

2017 folgte sein nächster Versuch: in Form einer Beschwerde beim Europäischen Gerichtshofs für Menschenrechte, die Lorenz wegen seiner langen Haft einreichte. Der Gerichtshof kam zu dem Ergebnis, dass eine weitere Anhaltung nicht gesetzeswidrig wäre, er aber einer Anstalt mit Therapiemöglichkeiten bedürfe. Im selben Jahr wurde ein weiterer Gerichtspsychiater für eine Diagnose herangezogen, Wolfgang Soukop: Der kam zu dem Resultat, dass sich der Zustand des nunmehr 53-jährigen Lorenz verschlechtert, sich seine Gefahr für die Gesellschaft weiter erhöht habe. Soukop vermutete Schizophrenie und empfahl medikamentöse Behandlung statt Freilassung. Es kam auch immer wieder zu Einweisungen in psychiatrische Kliniken, weil Lorenz unter Verfolgungswahn Stimmen hörte.

Doch er hatte sich nicht – wie andere Langzeithäftlinge – mit seinem Schicksal hinter Gittern abgefunden, sondern strebte nach wie vor ein Leben in Freiheit mit Frau und Beruf an: am besten in Gahleitners Anwaltskanzlei. Wie es um die letzten beiden Punkte steht, ist unbekannt. Fakt ist aber, dass Lorenz im Oktober 2022 nach fast 40 Jahren hinter Gittern unter strengen Auflagen und engmaschiger Überwachung entlassen wurde.

# UMKEHRUNG DER GESETZE

X

Die Polizei, dein Freund und Helfer? Im folgenden Kapitel geht es nicht nur um einen heimtückischen Meuchelmörder und Leichenschänder, sondern auch um einen Polizisten, der wegen Kapital-verbrechen hinter Gittern landet und dort weiter als „Superbulle" Kriminelle bekämpft: außerhalb des gesetzlichen Rahmens, mit drastischen Maßnahmen.

# JOHANN ROGATSCH: WENN MÄDCHEN- MÖRDER BEIM SCHARFRICHTER LANDEN

11. Jänner 1960: Eine Pensionistin, bekannt als Müllstierlerin, macht an einem Montagvormittag ihre übliche Runde und sucht im Abfall nach Verwertbarem, um sich ein kleines Zubrot zu verdienen. In einem Mistkübel an der Ecke Lange Gasse / Florianigasse im 8. Bezirk findet sie Knochen mit Fleischresten. Die Dame wickelt sie in Papier und macht sich auf den Weg zu einer befreundeten Altwarenhändlerin in Ottakring: Für deren Hund sollte das ein Feiertag werden, für die Schatzsucherin etwas „Schmattes", also Trinkgeld bringen. Sie wirft dem Hund den Fund zum Fraß vor, der nagt schon daran und erfreut sich seines Glücks. Doch in der Altwarentandlerin kommt auf einmal ein Horror hoch, und sie nimmt ihrem Vierbeiner die Knochen weg und alarmiert die Polizei.

Ihr Verdacht sollte sich bestätigen: Nach einer gerichtsmedizinischen Untersuchung war klar, dass es sich nicht, wie angenommen, um Rinderknochen handelte, sondern um Ober- und Unterschenkelknochen einer jungen Frau.

Anhand der Bruchstellen stellten die Gerichtsmediziner außerdem fest, dass der Täter zuerst eine Säge, dann eine Axt verwendet haben musste, um die Leichenteile zu zerlegen.

Die Polizei begann sofort damit, sämtliche Abfalleimer im Umkreis des Fundorts zu überprüfen, und tatsächlich: Im Hof des Hauses Florianigasse 17 wurden weitere Leichenteile und ein abgetrennter Kopf gefunden. Schnell machte sich der dortige Hausmeister Johann Rogatsch verdächtig und versuchte, die Ermittler vom Keller fernzuhalten. Die Beamten wollten sich das Untergeschoss nun erst recht ansehen, und schon das Stiegenhaus war von Blutspritzern übersäht. Im Keller stießen sie auf verschiedene Körperteile und eine Säge mit Blutspuren und Fleischresten. In der Waschküche dann der nächste Schreck: gekochte und verbrannte Körperteile.

Die Beamten vermuteten, es würde sich um Rogatschs Lebensgefährtin handeln, die seit vier Tagen von niemandem gesehen worden war. Der Verdächtige behauptete, sie wäre mit ihrem Sohn bei ihrer Großmutter in Langenlois, was sich nach kurzer Überprüfung als richtig herausstellte. Bei dem Opfer, so fand man bald heraus, handelte es sich um Ilse Moschner: eine 18-jährige Sportstudentin aus Ottakring, die aus bescheidenen Verhältnissen stammte und noch bei ihren Eltern gewohnt hatte. Aushilfsweise arbeitete sie, ganz nach dem Papa, bei einer Versicherungsgesellschaft. Von ihrem letzten Gang, bei dem sie Prämien eingesammelt hatte, war sie nicht mehr zurückgekehrt.

Das war am 8. Jänner gewesen. Ihr Vater hatte sofort eine Vermisstenanzeige aufgegeben und sich zusätzlich persönlich auf die Suche gemacht, marschierte die Tour seiner Tochter von Adresse zu Adresse nach, doch zur Florianigasse 17 schaffte er es vor Erschöpfung nicht mehr.

Wie die Ermittlungen ergaben, war die einzige Versicherungskundin an dieser Adresse Rogatschs Partnerin – die aber hatte ein stichfestes Alibi und wurde ohnehin nicht dieses brutalen Mordes verdächtigt. Alles deutete auf Rogatsch hin: Als Hausmeister war er der Einzige, der Zugang zu sämtlichen Kellerabteilen hatte, und Ilse Moschner war ihm bekannt, weil er ihr schon zweimal die Versicherungsprämie seiner Lebensgefährtin ausgehändigt hatte. Außerdem hatte der erst 26-jährige Rogatsch bereits ein beachtliches Strafregister vorzuweisen: Einbruch, schwere Körperverletzung und 1954 vier Jahre Haft wegen Vergewaltigung einer Landwirtin. Aufgewachsen war der gebürtige Kärntner in Erziehungsheimen und auf Bauernhöfen, wobei ihm schon damals der Ruf als Choleriker und Tierquäler vorauseilte. 1959, ein Jahr vor der Ermordung Ilse Moschners, war Rogatsch nach Wien gezogen.

Erste Geständnisse folgten noch in der Verhaftungsnacht, dennoch machte er es den Beamten nicht leicht: Rogatsch gab lediglich zu, was er nicht mehr abstreiten konnte. Für alles andere hatte er verschiedene Abläufe, Motive und Versionen, die er wechselte, bis er sich in die nächste Sackgasse hineinmanövriert hatte. So behauptete er anfangs, Ilse Moschner hätte sich geweigert, mit ihm zu reden und partout nach seiner abwesenden Lebensgefährtin verlangt. Weil er sie nicht herzaubern konnte, hätte sie ihn beleidigt. Daraufhin hätte er ihr im Affekt einen Schlag ins Genick verpasst, und die Studentin wäre zusammengebrochen. Als einschlägig Gebrandmarkter hätte er sich bei einem Notruf schlechte Chancen ausgerechnet, wäre daraufhin in Panik geraten und hätte versucht, die Leiche unbemerkt verschwinden zu lassen. Der Gerichtsmedizin gelang es, einen einzigen fatalen Hieb zu widerlegen und mehrere Schläge mit einem spitzen Gegenstand auf den Kopf des Mordopfers festzustellen.

Schon tischte er sein nächstes „G'schichtel" auf: Er wäre zur Tatzeit schwer betrunken gewesen, und die 18-jährige Sportlerin wäre wohl plötzlich an Herzversagen gestorben: Schwachsinn! Im nächsten Durchgang beschuldigte er einen Bekannten der Mittäterschaft: Der aber hatte ein Alibi.

Selbst als Rogatschs Mordtat feststand, hörte seine Fantasie nicht auf zu sprudeln: Er gab zwar zu, sein Opfer getötet zu haben, wäre dann aber sofort zu einer Telefonzelle gerannt, um die Polizei zu alarmieren. Dort allerdings hätte sich ein Sandler breitgemacht: Den hätte Rogatsch zu sich nach

Hause mitgenommen, und dort hätten sie gemeinsam Cognac getrunken. Nach ein paar Gläsern war ausgehandelt, dass der Unbekannte die Leiche für 600 Schilling Schandlohn zerstückeln und beseitigen würde. Gesagt, getan. Oder eben auch nicht. Die Polizeiarbeit brachte zutage, dass Rogatsch die Tat gründlich geplant hatte: Er war in Kenntnis darüber gewesen, wann genau Ilse Moschner kommen würde, um die Versicherungsprämie einzusammeln, und hatte um diesen Termin herum seine Lebensgefährtin gezielt für mehrere Tage zu ihrer Oma geschickt.

Rogatsch hatte auf Ilse Moschner gewartet und sie in die Wohnung gelockt, wo er die Prämie mit einem 50-Schilling-Schein bezahlte. Die Studentin hatte sich auf das Sofa gesetzt, um das Wechselgeld abzuzählen. Rogatsch wurde aufdringlich, Ilse Moschner wehrte sich, woraufhin sie zuerst mit einem Schlag ins Genick, dann mit mehreren Schlägen einer Kurbelwelle auf den Kopf attackiert wurde. Anschließend stach Rogatsch mit einem Messer wiederholt auf sie ein, auch in die Halsgegend, was schließlich zum Tod geführt haben dürfte.

Die Bevölkerung verfolgte den Fall penibel mit, die Stimmung war aufgeheizt: „Hausparteien verlangen die Todesstrafe für Rogatsch" und „Hängt die Bestie auf!" war in Zeitungsartikeln zu lesen. Ilse Moschners Vater machte sich schwere Vorwürfe, seine Tochter in „seinen" Beruf vermittelt zu haben, und fühlte sich, als hätte er sie in den Tod geschickt.

Johann Rogatschs hinterhältiges Tötungsdelikt führte auch im Parlament zu Diskussionen über die Verschärfung des Strafrechts: Denn just am Tag der Ermordung Ilse Moschners war der lebenslang verurteilte Dreifachmörder Oskar Wrany nach 13 Jahren Haft vorzeitig auf Bewährung entlassen worden. Es ging nun die Angst um, in dieser Form ständig tickende Zeitbomben auf die Gesellschaft loszulassen.

Eine parlamentarische Anfrage vom 20. Jänner 1960 an Justizminister Otto Tschadek (SPÖ) „betreffend die vorzeitige Entlassung von Schwerverbrechern" im Wortlaut: „Johann Rogatsch, der Mörder eines jungen Mädchens in

Wien, wurde 1954 wegen Notzucht zu vier Jahren Kerker verurteilt. Obwohl Rogatsch vor dieser Verurteilung bereits dreimal vorbestraft war, wurde er 1957 vorzeitig entlassen, indem ihm ein Jahr seiner Strafe erlassen wurde. (7.9.1957). Bereits am 11.11.1958 – etwas über ein Jahr später – wurde der ,resozialisierte' Sexualverbrecher wegen Diebstahls neuerlich verhaftet. Und wieder nur etwas mehr als ein Jahr später – am 8.1.1960 – verübte dieser Unhold einen Mord an einer jungen Studentin in Wien."

Die Anfrage endet mit drei Fragen:

„1. Ist der Herr Bundesminister bereit, die Gründe für die im Jahre 1957 verfügte vorzeitige Entlassung des Johann Rogatsch bekanntzugeben?

2. Warum wurde Oskar Wrany trotz der angeführten Tatsachen und des Protestes der Wiener Polizeidirektion bereits nach 13 Jahren entlassen?

3. Ist der Bundesminister für Justiz bereit, Vorkehrungen zu treffen, durch die in Hinkunft die Bevölkerung vor einem Rückfall besonders verwerflicher Verbrecher geschützt wird?"

Justizminister Otto Tschadek forderte, dass „lebenslänglich auch lebenslänglich bedeuten" müsse. Die Debatte verlief hitzig, führte aber zu keinen Ergebnissen.

Der Rogatsch-Prozess begann am 22. Juni 1961 am Wiener Oberlandesgericht, die Anklage lautete auf meuchlerischen Raubmord, Leichenschändung und Verleumdung. Am 27. Juni gaben drei psychiatrische Sachverständige ihre Diagnose kund: Sie hielten Rogatsch für voll schuldfähig und beschrieben ihn als „geltungssüchtigen, egozentrischen Psychopathen mit starken Aggressionen, der zu sexuellen Perversionen neige". Ihm wurde ein „Charakterdefekt", aber kein „Geistesdefekt" attestiert. Sein Opfer wurde gewürgt, missbraucht und verblutete. Keine Geldnot hätte Rogatsch getrieben, sondern rein perverser Sadismus.

Zur großen Überraschung plädierte er von der Anklagebank aus plötzlich auf „nicht schuldig" und behauptete, die Beamten hätten ihn zu seinem Geständnis gezwungen, misshandelt und bestochen. Seine Aussagen

Johann Rogatsch im Gerichtssaal.

erwiesen sich erneut als Humbug, Rogatsch aber verhielt sich frech und über-
heblich, lachte wiederholt während der Zeugenaussagen, sodass er dreimal
des Saales verwiesen wurde.

Am 30. Juni 1961 wurde er zu lebenslangem, schwerem Kerker verurteilt, verschärft durch einen Fasttag und ein hartes Lager wöchentlich. Am
8. jeden Monats – dem Tag der Ermordung Ilse Moschners – gab es für ihn
zudem Dunkelhaft.

Rogatsch kam in die Justizanstalt Stein. Er galt dort als absoluter „Un-
gustl" und gemeingefährlicher Zeitgenosse. Bald landete er im Hochsicherheitstrakt: die damals neu geschaffene Sonderabteilung D3, vom Rest der
Anstalt abgetrennt, mit schweren Doppeltüren gesichert. In der Sonderabteilung wurden nur acht Risikohäftlinge in Einzelhaft gehalten. Und hier traf
Johann Rogatsch auf Ernst Karl.

# ERNST KARL: DIE WIEDER-EINFÜHRUNG DER TODESSTRAFE

Ernst Karl war nicht irgendein Häftling, sondern ein ehemaliger Polizeibeamter. Innerhalb seines Berufsstandes hatte er keinen schlechten Ruf, galt als zuverlässig, aber auch als bisweilen übertrieben „harter Hund". Wie hart allerdings, das sollte sich erst zeigen.

Ins Gefängnis kam er, weil er in der Nacht vom 15. auf den 16. April 1968 zwei Einbrecher in der Garage des Kaufhauses Tivoli in Meidling erschossen hatte: Johann Kihsl und dessen Komplizen Walter Pöttler. Sie hätten auf ihn geschossen, als er sie auf frischer Tat ertappte, und er habe in Notwehr gehandelt – so Karls Version. Anfangs wurde er als Held gefeiert, doch nach der Obduktion kam bald eine andere Wahrheit ans Tageslicht: Die beiden waren aus nächster Nähe mit sieben Schüssen – darunter gezielten Kopfschüssen – regelrecht hingerichtet worden. Als Nächstes stellte sich heraus, dass Karl mit den Mordopfern bekannt gewesen war, er ihnen die Waffen, mit denen sie gefunden worden waren, besorgt hatte.

Wie weitere Ermittlungen ergaben, hatten die beiden ihn wegen seiner geheim gehaltenen Homosexualität erpresst: Darauf stand damals in Österreich eine ein- bis fünfjährige Haftstrafe, von Anfeindungen im privaten und beruflichen Umfeld gar nicht zu reden. Anfangs zahlte Ernst Karl brav an seine Erpresser, doch die wurden immer unverschämter und verlangten bald so hohe Beträge, dass der Polizist sich strafbar machen musste, um die Forderungen zu erfüllen. Aus Verzweiflung hatte Karl im Jänner 1968 einen Selbstmordversuch unternommen, doch er wurde gefunden, reanimiert und in eine Klinik gebracht.

Seine letzte Rechnung bei den Erpressern beglich Karl dann auf seine Art: Er „steckte" den Erpressern den „Zund" von einer angeblich lukrativen und idiotensicheren Gelegenheit, durch einen einzigen Überfall zum großen Geld zu kommen: eine tödliche Falle, bei der er ihnen auflauerte und sie abknallte.

Doch nun war Karls Notwehrgeschichte entlarvt – und der Polizist fasste 20 Jahre auf der anderen Seite aus. Bei seiner Verhaftung schien er noch sehr gefasst, ließ sich kaum zu Emotionen hinreißen. Vielmehr forderte er seine sofortige Enthaftung, Rehabilitierung und Wiedereinstellung in den Polizeidienst. Seine Wandlung vom überkorrekten Gesetzeshüter zum verurteilten Schwerverbrecher vermochte er nicht zu realisieren, und so begann er, diese mit Wahnideen zu kompensieren: Karl wollte nun zum allergrößten Polizisten werden und sämtliche Bösewichte beseitigen.

Justizanstalt Stein, 15. Jänner 1974: „Der Karl hat den Rogatsch erwürgt!" Wie ein Lauffeuer verbreitete sich die Nachricht im Hochsicherheitstrakt. Beamte eilten zum „Kommunikationsraum", einem speziell gesicherten Zimmer für die acht Sonderhäftlinge, in dem sie sich für eine bestimmte Zeit zu zweit zum Plaudern und Schachspielen treffen konnten. So wie an diesem Tag Ernst Karl und Johann Rogatsch. Dabei wurden sie im Abstand von zehn Minuten überprüft – und trotzdem lag jetzt Rogatsch neben dem Heizkörper: mit blutüberströmtem Gesicht, eingetretenem Brustkorb, Würgemalen am Hals, Blutaustritt aus der Nase.

Als Beamte zu Karl traten, soll er laut gelacht und gefragt haben, was sie denn von ihm wollten: Sie wüssten doch, dass Rogatsch „weggehört" hätte. Karl wies zudem auf Kratzer auf seiner Brust und behauptete, Rogatsch

Ernst Karl – ein Polizist vor Gericht.

hätte ihn angegriffen, doch seine Notwehrgeschichte erwies sich erneut als Lüge: Karl hatte keine Verletzungsspuren, die paar Schrammen auf der Brust hatte er sich selbst zugefügt und auch sein Hemd selbst zerrissen.

Als Karl dazu angehalten wurde, mit einer lebensgroßen Stoffpuppe den Tathergang nachzustellen, soll er erwidert haben, sich nicht mit einem Puppenspiel lächerlich machen zu wollen. Doch „seinen Kollegen" fühlte er sich noch immer verbunden – trotz dreier begangener Morde immer noch „Polizist im Herzen" –, also stellte er die Tat zwar nicht mit einer Puppe, aber mit einem Beamten nach. Vor dem Nachspielen der Würgeattacke meinte sein „Opfer", er solle nur ja nicht grob werden, und Karl antwortete: „Na, Kollege, das mach ich natürlich nicht, weil schließlich und endlich sind wir ja Polizisten."

Ernst Karl kooperierte – und bald war die Tat aufgeklärt: In Haftanstalten gibt es ein bizarres „Verhandlungsspiel", bei dem meist Kindermörder und

Pädophile auf der „Anklagebank" landen – mit schlechten Karten. Als „Richter" treten dominante Häftlinge auf, und deren Urteile enden meist nicht mit einem Freispruch. An diesem Tag hatte Karl den Richter gespielt und Rogatsch den Angeklagten, und der „Superpolizist" Karl, der eine Todesliste erstellt haben soll, an deren Spitze Kinderschänder und Vergewaltiger standen, sprach das Todesurteil über den Angeklagten aus und vollstreckte es in Eigenregie.

Der Dreifachmörder blieb weiter in Stein, wurde von nun aber noch genauer beobachtet und mit Tabletten ruhiggestellt. Durch die heftige Medikation mutierte Ernst Karl – wie andere Häftlinge auch – zu einer Art lebendigem Zombie und fand sich ohne Hilfe von Beamten im Gefängnisalltag nicht mehr zurecht. Es häuften sich psychotische Schübe, er galt als schwieriger Häftling, fühlte sich verfolgt, baute körperlich und geistig ab. Er wog nur noch 45 Kilo, seine Zähne hatte er auch verloren. Von Beamten darauf angesprochen, sich die Zähne doch richten zu lassen, antwortete er wiederholt: Nichts habe mehr Sinn, er würde ohnehin nicht mehr aus dem Gefängnis kommen.

Damit sollte er recht behalten, doch Ernst Karls Tod 2001 war dennoch ein Skandal: Er starb in einem Bett, an das er mindestens sieben Stunden lang angegurtet gewesen war, fixiert an Händen, Rumpf und Beinen – und das, obwohl Gurtenbetten bei Häftlingen in Österreich seit 1994 verboten waren. Ob bei dem körperlich und seelisch gebrochenen Häftling noch Gefahr zu befürchten gewesen war, bleibt fraglich. Angeblich sei er am Todestag aber „lästig" gewesen, hatte wiederholt wegen Schmerzen nach Medikamenten gefragt – und das wohl mit zunehmender Dringlichkeit.

Die Staatsanwaltschaft ermittelte und Untersuchungen zeigten, dass Ernst Karl infolge eines Darmverschlusses gestorben war. Es gelangten Fotos an die Öffentlichkeit, auf denen man sieht, wie dem am Bett fixierten Ex-Polizisten Blut aus Mund und Nase läuft. Proteste aus verschiedenen Richtungen folgten, doch die Staatsanwaltschaft stellte ihre Ermittlungen 2002 ein mit dem Ergebnis, dass Ernst Karls Tod auf natürliche Ursachen zurückzuführen wäre.

# AUF DER FLUCHT

**X**

Es gibt viele Gründe, sich auf Flucht zu begeben: Manche liegen auf der Hand, während andere trotz langjähriger Untersuchungen ihren rätselhaften Nimbus behalten. Die zwei in diesem Kapitel geschilderten Fälle sind so verschieden wie spektakulär. Jener um die Flucht aus der Justizanstalt Stein wird nur kurz umrissen, da er an anderen Stellen bereits ausführlich behandelt wurde; die schleierhafte Geschichte um Ernst Dostal hingegen wird im Detail nachgezeichnet, da sie bisher kaum nachvollziehbar aufgearbeitet wurde. In gängigen Berichten werden stets dieselben kurzen Szenen wiederholt, ohne Zusammenhänge, Hintergründe oder Antworten zu liefern. Deshalb hier ein neuer Versuch.

# ERNST DOSTAL: DIE GRÖSSTE FAHNDUNG DER ZWEITEN REPUBLIK

Ernst Dostal, ein unscheinbarer junger Mann, wird über Nacht zum Staatsfeind Nummer eins: Der 23-jährige Maschinenbauingenieur löst 1973 die größte Fahndung der Zweiten Republik aus und hält Österreich in Atem. Besonders im Zentrum seines Schlachtfelds, in Wien und Niederösterreich, zittern die Menschen tagelang, verfolgen die Nachrichten minutiös, melden unzählige „verdächtige Wahrnehmungen", legen sich auf die Lauer oder verbarrikadieren sich.

13. Juni 1973: Frühmorgens macht die Gendarmerie an der Südautobahn, bei Baukilometer 10,2, Tribuswinkel, südlich von Wien, eine rätselhafte Entdeckung: einen gigantischen Explosionskrater. Zuerst wird eine Einbrecherbande verdächtigt, die zu jener Zeit in Niederösterreich ihr Unwesen treibt und mit Sprengstoff Tresore aufbricht. Auch ein antisemitischer Angriff wird in Betracht gezogen, genauso wie der Sprengstoffexperte Emanuel K., der schon mehrere Anschläge verübt hat und erst wenige Monate zuvor aus der Haft entlassen worden ist. Wie sich herausstellen sollte: allesamt falsche Fährten.

Otto Mang, legendärer Fotoreporter, der seit der Nachkriegszeit jahrzehntelang gefühlt bei jedem spektakulären Kriminalfall mit seiner Kamera scheinbar schon parat stand, noch bevor überhaupt etwas passiert war, war auch an diesem Junimorgen überpünktlich an der Kratereinschlagstelle. Die Explosion dürfte in der Nacht gegen drei Uhr früh erfolgt sein. Mang ging sofort an die Arbeit und schoss seine Bilder – nicht nur vom Krater, sondern auch von unzähligen Knochensplittern und Leichenteilen, die in einem Umkreis von mehr als hundert Metern verstreut lagen. Polizisten, Sprengmeister und Gerichtsmediziner wurlten herum – sogar eine fünfzig Mann starke Truppe der Gendarmerieschule Mödling wurde hinzugezogen, um nach weiteren Körperteilen zu suchen. Dazu mischten sich, etwas verspätet, zahlreiche Kollegen von Otto Mang sowie Schaulustige und Passanten, die für eine regelrechte Volksfeststimmung am Leichenkrater sorgten.

Erste Ermittlungen ergaben: Die Bombe war mit gelatinösem Sprengstoff ausgestattet und von einer Junghans-Uhr ausgelöst worden. Nun musste festgestellt werden, ob es sich bei den gefundenen Körperteilen um tierische oder menschliche Überreste handelte. Bald wurde klar, dass ein Mensch in die Luft gesprengt worden war. Am Ende des Tages wurden etwa 400 Gewebestücke verschiedener Größe mit einem Gesamtgewicht von zwölf Kilo an die Gerichtsmedizin übergeben.

Was man trotz aller Sorgfalt nicht fand: Teile vom Kopf, Finger oder Zähne sowie Kleidungsreste. Die Identifizierung des Toten wurde zur Herausforderung. Man konnte feststellen, dass es sich um eine männliche Leiche mit Blutgruppe 0 handelte, die unbekleidet und gefesselt in einem Jutesack gesprengt worden war und schon vor der Explosion tot gewesen sein musste. Bald gelang es, den Toten als Richard Dvorak zu identifizieren: 30 Jahre, Familienvater, Gemeindebediensteter im Wiener Rathaus, Waffennarr, Sprengmeister, Karatekämpfer, wohnhaft bei seiner Mutter in der Mollardgasse in Wien, die auch den entscheidenden Hinweis zur Identifizierung geliefert hatte.

Frau Dvorak hatte bis zum Freitag, dem 15. Juni 1973, nichts vom Tod ihres Sohnes gewusst: Der hatte ihr lediglich gesagt, dass er an diesem Tag auf Urlaub und zu einem Karatekampf nach Tokio fliegen würde. Sie fuhr also um 17 Uhr zum Flughafen Schwechat, um ihm eine gute Reise zu wünschen und ihn noch einmal zu umarmen. Doch Frau Dvorak wartete vergeblich. Das Flugzeug hob ohne ihren Sohn ab. Ein unbenutztes Ticket auf seinen Namen blieb am Flughafenschalter zurück.

Die Mordkommission ging nun die Bekanntenliste von Richard Dvorak durch und stieß auf einen Freund, den er in einem Sprengkurs kennengelernt hatte: Ernst Dostal, geboren am 14. Oktober 1950 in Wien. Dvorak und Dostal wurden Verbindungen zur rechtsextremen Szene nachgesagt, und zumindest Dvorak war den Beamten schon mehrmals wegen unerlaubten Waffenbesitzes aufgefallen.

Bei der ersten Befragung gab Dostal an, den Ermordeten schon mehrere Tage nicht gesehen zu haben. Die Mutter des Mordopfers sagte bei ihrer Einvernahme allerdings aus, dass ihr Sohn am Tag seiner Ermordung seinen langjährigen Kampfgefährten Ernst Dostal treffen wollte. Es stellte sich heraus, dass die beiden geplant hatten, einen gemeinsamen Bauernhof in Niederösterreich zu kaufen. Dvorak hatte am 12. Juni, dem Tag vor dem Fund seiner Leiche, zu diesem Zweck 20 000 Schilling abgehoben, die er als Anzahlung der Immobilie an Dostal übergeben sollte. Der Mutter hatte er von dem Bauernhof nichts erzählt.

Am 22. Juni wurde Dostal zu einer weiteren Einvernahme in die Rennwegkaserne in Wien bestellt, wo die ermittelnde niederösterreichische Mordkommission ihre Zentrale hatte. Dostal erschien pünktlich um 16.30 Uhr auf Zimmer 47, wo ihn die drei Beamten Ottokar Pücher, Matthias Horvath und Harald Syrinek empfingen. Beim Eintreten soll er sein Sakko mit den Worten geöffnet haben: „Bitte, meine Herren, Sie können mich gerne nach Waffen durchsuchen." Ein Beamter klopfte ihn schulterzuckend ab, wohl eher der Form halber als wirklich misstrauisch.

Zuerst verlief die Einvernahme ruhig und leger, obwohl man bereits wusste, dass auch Dostal sich wie das Todesopfer für Waffen und Sprengstoff begeisterte – doch dann verstrickte sich der Verhörte in Widersprüche. Als er als Alibi angab, am Tag der Tat, einem Dienstag, in einem Gasthaus gewesen zu sein, das aber – worauf ihn die Beamten hinwiesen – dienstags Ruhetag hatte, geriet er ins Strudeln. Er hantelte sich durch verschiedene Ausreden, konnte aber kein glaubwürdiges Alibi mehr liefern. Das Verhör hatte bis dahin etwa eine Stunde gedauert und drohte nun, sich in die Länge zu ziehen. Einer der Beamten verließ das Zimmer, sodass nur noch zwei mit Ernst Dostal zurückblieben. Vater Robert Dostal rief nun in der Kaserne an und fragte nach, wo denn sein Sohn bleibe. Dort wurde ihm mitgeteilt, es würde wohl noch ein bisschen dauern. Der Vater wurde unruhig, konnte aber nicht viel machen.

Nun wurden auch die Beamten langsam ungeduldig und teilten Ernst Dostal mit, er solle nicht versuchen, sie „am Schmäh zu halten". Sie drohten mit dem Staatsanwalt und einem Haftbefehl, sodass er die kommende Nacht in einer Zelle verbringen würde. Plötzlich legte es bei Dostal den Schalter um. Zu den folgenden Ereignissen gibt es verschiedene Schilderungen, die sich in Details widersprechen, doch Fakt ist: Ab 18.30 Uhr lief alles aus dem Ruder, und Dostal setzte ein Blutbad in Gang. Er hatte plötzlich nach hinten gegrif-

## ZU DEN FOLGENDEN EREIGNISSEN GIBT ES VERSCHIEDENE SCHILDERUNGEN, DIE SICH IN DETAILS WIDERSPRECHEN, DOCH FAKT IST: AB 18.30 UHR LIEF ALLES AUS DEM RUDER.

Das Verhörzimmer, in dem Ernst Dostal um sich schoss. (o.)

Aus dem Fenster im ersten Stock sprang Ernst Dostal und schnappte sich den erstbesten Wagen, um sich am Südtiroler Platz aufzumunitionieren. (u.)

fen, zwei versteckte Revolver aus dem Hosenbund gezogen und beidhändig auf seine Gegenüber geschossen. Einem Beamten verpasste er einen Bauchschuss; sein Kollege versuchte aus dem Zimmer zu fliehen, wurde aber im Genick getroffen und blieb liegen. Dostal stieg ungerührt über die Verletzten hinweg auf den Flur. In der Kaserne hatte man die Schüsse und Schreie gehört, ein Beamter rannte Richtung Tatort und wurde von Dostal angeschossen. Die drei getroffenen Beamten waren zu verschiedenen Graden verletzt, Pücher und Syrinek lebensgefährlich. Dostal kümmerte sich nicht darum, er stand in der Tür und gab zahlreiche Schüsse ab, um die Polizisten zurückzuhalten. Er versuchte, aus der Kaserne zu entkommen, irrte durch das Gebäude und verpasste einem weiteren Beamten, Leopold Ulrich, einen Bauchschuss. Die Kugeln pfiffen durch die langen Gänge, Polizisten verschanzten sich oder rannten hinter die nächste Ecke.

Einer war wieder einmal zufällig vor Ort und ging ohne Bedenken in die Offensive: Otto Mang. Er hatte in der Kaserne gerade Reprografien angefertigt, als er die Schießerei hörte, sprang aus seinem Zimmer – und sah Dostal mit der Pistole in der Hand. Dostal schoss in Mangs Richtung, lief dann aber in die entgegengesetzte davon. Der rasende Fotoreporter eilte in Zimmer 47 und machte Fotos von den verletzten Beamten.

Dostal landete auf einer Toilette im ersten Stock der Kaserne: Der geübte Kampfsportler blickte aus dem Fenster fünf Meter nach unten, sprang – und landete auf der Motorhaube eines geparkten Autos in der Oberzellergasse. Mit vorgehaltener Waffe hielt er ein Fahrschulauto an und setzte dem Fahrschullehrer die Pistole an die Schläfe. Er und sein Fahrschüler erkannten schnell: höchste Zeit, auszusteigen! Dostal schnappte sich das Auto und brauste davon.

Seine erste Station war das ihm und seinem Vater bestens bekannte Waffengeschäft Friedrich Weber am Südtiroler Platz 9. Dort deckte er sich kurz vor Geschäftsschluss mit Nachschub ein: mit einem Revolver Marke Smith & Wesson und 200 Schuss Munition. Darauf rief er seinen Vater von einer Telefonzelle aus an und erzählte ihm, in welcher Situation er sich befinde. Der Vater sagte seiner Frau Therese, er müsse schnell wohin, komme aber gleich wieder. Weiter auffällig habe er sich nicht benommen, erzählte Frau Dostal später einem Gendarmen. Von mitgenommenen Waffen hatte sie nichts bemerkt, ihr Mann habe kein größeres Gepäckstück mitgenommen, sogar das Auto ließ er in der Garage stehen. Fest steht: er verschwand. Ein Kartenhaus der Fantasie, das Vater und Sohn über Jahre aufgebaut hatten, war im Begriff, einzustürzen und mehrere Opfer unter sich zu begraben. Deren Anzahl war noch nicht entschieden.

Die Polizei war in Alarmstufe Rot versetzt. Man vermutete, dass Vater und Sohn nun gemeinsam unterwegs waren. Dostal junior hatte bereits bewiesen, dass ihm alles zuzutrauen war, und wenn Beamte zu Schaden kamen, gab es ohnehin kein Pardon. Es wurde eine Großfahndung ausgelöst, und auch die Villa der Dostals in Tullnerbach im Wienerwald sowie ihr Vierkanthof bei Ober-Grafendorf in der Nähe von St. Pölten wurden durchsucht.

Es stellte sich heraus, dass die Dostals zurückgezogen, aber sehr vermögend lebten: Robert Dostal war als Kaufmann und Generalvertreter einer Schweizer Firma tätig sowie am Immobiliensektor eine bekannte Größe. Sein Sohn war sein Ein und Alles, und der Vater sah ihn schon in seine Fußstapfen treten. Doch Ernst Dostal wuchs verwöhnt auf und musste sich nichts erarbeiten, während sein Vater den Weg nach oben mühsam und ohne fremde Hilfe erklommen hatte. Er war 1919 geboren und konnte auf keine schöne Kindheit zurückblicken: ein Sohn ohne Vater, unerwünscht, ein Eigenbrötler; die Mutter: Animiertänzerin. Robert Dostals geheimer Wunsch war es, ein großer Physiker zu werden, doch die Familie hatte weder die Mittel noch den Willen, ihm ein Studium zu finanzieren. So konzentrierte er sich aufs Kaufmännische – und das geschickt. Sein angehäuftes Vermögen aber machte ihn nicht glücklich. Er träumt von einem Abenteuerleben, davon, die Welt zu erobern und die Menschheit in seinen Bann zu ziehen: die Übermensch-Fantasie eines komplexbehafteten Buben.

**ER TRÄUMT VON EINEM ABENTEUERLEBEN, DAVON, DIE WELT ZU EROBERN UND DIE MENSCHHEIT IN SEINEN BANN ZU ZIEHEN: DIE ÜBERMENSCH-FANTASIE EINES KOMPLEXBEHAFTETEN BUBEN.**

Schon in seiner Jugend hatte Dostal senior fantastische Geschichten geschrieben, in den 1960ern erschien sein Roman „Jagd nach dem Atomgold". Darin wird im brasilianischen Urwald mit einem vergrabenen Atomkraftwerk aus Blei Gold gewonnen. So wie Karl May sich mit Old Shatterhand sein eigenes Wunschbild in einer frei erfundenen Welt zurechtgeschrieben hatte, tat das auch Robert Dostal. Ein Schundroman, in den Augen des Autors dessen Opus magnum, tatsächlich Ausdruck seiner größenwahnsinnigen Wunschvorstellungen, die er auch auf seinen Sohn übertrug: Ihm wollte er all das geben, was er selbst als Kind nicht bekommen hatte. Die beiden steigerten sich in ihre Allmachtsfantasien hinein und wurden zum verschworenen Zweierteam.

Der abgelegene Bauernhof der Dostals in Ober-Grafendorf machte von außen einen desolaten Eindruck – drinnen staunten die Beamten nicht schlecht und fühlten sich wie in einem schaurigen Horrorthriller: Im Innenhof gab es ein professionelles Verlies mit Gefängnistür und Essensklappe, eine schalldichte Folterkammer mit zahlreichen Werkzeugen und Streckbetten. Weiters fanden sie ein riesiges Waffenarsenal, eine zerschossene hölzerne Menschenfigur für Schießübungen, Unmengen von leeren Patronenhülsen – und Sprengstoff.

Otto Mang war, wie konnte es auch anders sein, auch bei dieser Begehung dabei und hielt die Horrorshow fotografisch fest. Was er allerdings nicht sah: dass der Bauernhof von versteckten Fangeisen umgeben war, und dass Vater und Sohn Dostal einen Hubschrauberlandeplatz im Hof planten.

Die beiden waren wie vom Erdboden verschluckt. Mühsam setzte die Polizei ein Puzzle zusammen: Ernst Dostal hatte am Samstag, dem 23. Juni 1973, auf seiner Flucht das Wochenendhäuschen des Eisenbahner-Ehepaars Johanna und Viktor Steiger am Sachsengang in Groß-Enzersdorf in der Lobau für sich entdeckt. Nachdem er sichergestellt hatte, dass niemand im Haus war, brach er die Hintertür auf und nahm es in Beschlag. Dort verfolgte er die Nachrichten in Radio und Fernsehen, während er sich den blauen Trainingsanzug der Hausbesitzerin angezogen hatte und sich am vorhandenen Essen bediente. Im Fernsehen sah er, wie seine 60-jährige Mutter sagte, sie hätte seit den Wahnsinnstaten nichts von ihrem Sohn oder ihrem Mann gehört, aber große Angst, was als Nächstes passieren würde. Die verzweifelte Frau, deren Sohn ihr wie aus dem Gesicht geschnitten schien, flehte mit nassen Augen: „Ernsti, Robert, bitte kommt's doch zurück! Es geht so ned weiter. Es wird alles nur viel schlimmer."

Ernst Dostal und sein Vater Robert: eine innige Beziehung mit vielen Rätseln.

Die Mutter schloss sich im Haus in Tullnerbach ein, hob weder das Telefon ab, noch öffnete sie die Haustür. Wenn sie mit jemandem sprach, dann nur durch ein halb geöffnetes Gartenfenster: und das nicht, weil sie ihre zwei Männer decken wollte – sondern weil sie schlicht nichts von deren Machenschaften wusste: Sie war nicht eingeweiht in deren abseitigen Männerbund.

„Ernsti" blieb die folgende Nacht über im Häuschen in der Lobau. Er schlief tief und fest und wurde erst gegen 10.20 Uhr wach, als er Geräusche im Schloss der Vordertür hörte: Das Hausbesitzerpaar Viktor und Johanna Steiner war am Sonntagvormittag bei seinem Wochenendhäuschen angekommen und gerade in Begriff, den Bungalow zu betreten. Dostal nahm seinen Revolver und schlich sich an die Haustür. Als diese aufging, erschoss er die beiden kaltblütig ohne Warnung.

Ein Nachbar, der gerade auf seiner Terrasse arbeitete, hörte Schüsse und Hilfeschreie von Frau Steiger. „Da bin ich raus, hab mir einen Besen genommen und mir gedacht, irgendwas muss da los sein", schilderte er die Szene. „Wie ich reinkomm, hab ich schon gesehen ..." Johanna und Viktor Steiger lagen auf dem Boden. Sie verstarben noch an Ort und Stelle. Der Nachbar weiter: „Aus der Tür vom Wohnzimmer ist der Mörder gekommen und hat die Pistole in der Hand gehabt. Wie ich das gesehen hab, hab ich umgedreht und bin weg." Aus sicherer Distanz blickte er sich um und sah, wie sich der Täter – mittlerweile hatte er über den Trainingsanzug seines Mordopfers einen Lodenmantel angezogen und sich Hut und Sonnenbrille aufgesetzt – in den VW-Bus der Steigers setzte. Damit flüchtete Dostal tief in die Lobau, rumpelte durch das Augebiet, kam aber mit dem Bus bald nicht mehr weiter: Er stand vor einem verschlossenen Schranken und musste die Flucht zu Fuß fortsetzen. In seiner Panik vergaß er am Beifahrersitz eine Pistole samt Munition sowie seine Geldtasche mit 3.000 Schilling und sämtlichen Ausweisen.

Er hastete durch die Lobau und stieß auf das Auto des 34-jährigen Hobbyfischers und Soldaten Johann B., der nach einem Tag am Wasser nach Hause fahren wollte und gerade dabei war, sein Fahrzeug aufzusperren. Plötzlich hörte er jemanden schreien: „Hände hoch! Dostal!" Doch der Fischer hatte seine Zeit am Wasser verbracht – nicht vor dem Fernseher, und der Name „Dostal" sagte ihm in dem Moment nichts, wie er später – im tiefsten Wiener Dialekt – in einem Fernsehbericht erklärte: „Na jo, i hob ma do nix denkt ... Dostal? Momentan is ma dazua nix eingfoin. ‚Deppada, wos wüstn von mir?!', so auf die Oart, is ma auf da Zungen glegn." Erst dann habe er gesehen, dass Dostal mit einem Revolver auf ihn zielte; also hielt er sich zurück und ließ ihn davonfahren.

Der nächste Halt auf Dostals Flucht war Weidlingbach, eine kleine, hügelige Gemeinde nördlich von Wien, die zu Klosterneuburg gehört: Hier wechselte er seinen fahrbaren Untersatz und ließ einen Steyr-Puch-Haflinger, einen Geländewagen, mitgehen, auf dessen Rücksitz er drei Gewehre und 80 Schuss Munition fand. Das Fahrzeug mit Allradantrieb, das vom Jagdpächter in Weidlingbach benutzt wurde, sollte ihm die weitere Flucht erleichtern.

Eine Weidlingbacher Bäuerin erzählte in einem Nachrichtenbeitrag vom 25. Juni 1973, dass sie mit ihrer Familie nach den aktuellen Meldungen in den Hof gegangen wäre: „Und da haben wir plötzlich Scheinwerferlicht gesehen im Wald, wo man eigentlich um diese Zeit niemanden vermutet." Der Interviewer will wissen: „Und Sie haben gleich an Dostal gedacht?" Die Bäuerin: „Ja, weil wir vorher erst grade die Nachrichten gesehen haben und dass er sich in Weidlingbach aufhalten soll. Daraufhin haben wir gleich die Gendarmerie angerufen. Mein Mann hat noch nachgeschaut, ob ein Privatwagen da ist vom Jagdpächter – es war aber nichts zu sehen, da hab ich nicht mehr lang überlegt und gleich angerufen. Ich hab aber keine Verbindung gekriegt, das hat ca. fünf Minuten gedauert. Und danach ist dann gleich die Gendarmerie gekommen. Ich hab gesagt, er ist so Richtung Steinriegl gefahren – und sind sie ihm nachgefahren." Also Richtung Nordwesten.

Österreich war in heller Aufregung, verfolgte und diskutierte jeden einzelnen Schritt von Dostals Flucht. Noch am selben Tag, dem 25. Juni, verlautbarte der Nachrichtensprecher zu Bildern mit schwer bewaffneten Beamten,

Polizeibussen und Hubschraubern: „Heute Mittag wurden auf allen Straßen, die von Klosterneuburg nach Westen und Nordwesten führen, Sperren errichtet. Im Mittelpunkt der Suchaktionen standen vorerst der Haschhof bei Gugging – ein verlassenes Bauerngehöft – und ein Hof in der Nähe von Kapellen. Gegen 13 Uhr erstattete dann ein deutsches Ehepaar Anzeige, es habe im Gelände unterhalb der Burg Greifenstein mehrere Schüsse gehört. Ortsbewohner von Hadersdorf meldeten ähnliche Wahrnehmungen."

Diese „Wahrnehmungen" wurden dann auch von Gendarmeriebeamten bestätigt. Mehrere Patrouillen und ein Hubschrauber konzentrierten sich auf das Gebiet zwischen Greifenstein, Hadersdorf und der Ölbergwiese nordwestlich von Wien. Nach 15 Uhr geriet ein Jagdhaus ins Fadenkreuz der Ermittlungen – wieder erfolglos. Sicherheitsdirektor Hofrat Schüller nannte die Suche nach Dostal im selben Fernsehbeitrag eine „mittlerweile gesamtösterreichische Angelegenheit".

Im Innenministerium wurde eine eigene Koordinationszentrale für die Fahndung nach den beiden Dostals eingerichtet, in der 200 Funkgespräche aus verschiedenen Einsatzfahrzeugen in Echtzeit empfangen und ausgewertet werden konnten: damals eine technische und koordinatorische Sensation. Auch das Bundesheer half mit speziellen Landkarten, auf denen jeder noch so kleine mögliche Fluchtweg eingezeichnet war. Zudem wurden auf sämtlichen Straßen zwischen Niederösterreich und Wien Sicherungsketten aufgezogen, um wirklich jedes Fahrzeug einzeln aufhalten und kontrollieren zu können.

Ernst Dostal hingegen versuchte am 26. Juni, mit seinem Vater über eine verschlüsselte Zeitungsannonce im „Kurier" in Kontakt zu treten: „1919, habe Montag vergeblich beim Turm auf Dich gewartet, werde es Mittwoch und Donnerstag gegen 22 Uhr nochmals probieren. Bin momentan unter 02774/326 zu erreichen."

Im Roman „Jagd nach dem Atomgold" hatte eine ähnlich codierte Geheimkommunikation funktioniert, in der Realität allerdings war halb

Österreich im Dostal-Fieber:
Jeder „verdächtigen Wahrnehmung" wurde nachgegangen.

Österreich im Dostal-Fieber und sensibilisiert für sämtliche „Wahrnehmungen" außerhalb der Norm: Ein aufmerksamer Zeitungsleser machte die Polizei auf diese Anzeige aufmerksam, und das brachte die entscheidende Wende. Denn 1919 war Robert Dostals Geburtsjahr, und die Telefonnummer in der Annonce war jene eines unbewohnten Landhauses in Altlengbach, zwischen dem Bauernhof der Dostals und ihrer Villa in Tullnerbach. Die Polizei rief an, was zu nichts führte, konnte aber herausfinden, dass der Besitzer sich in Wien aufhielt und das Landhaus eigentlich leer stehen sollte.

Eine Spezialeinheit fuhr zu besagter Adresse und fand in der Hauseinfahrt Dostals letztes gestohlenes Auto, den Geländewagen, sowie mehrere Waffen. Die Beamten stürmten das Anwesen – doch keine Spur von Dostal. Der war ihnen schon wieder einen Schritt voraus.

Zur selben Zeit hatten sich zwei aufmerksame Nachbarn eines verlassenen Hauses in der Nähe, Adresse Lengbachl 12, auf der sogenannten Klarahöhe, bei der Gendarmerie gemeldet: Dies führte nun tatsächlich zu Dostals gegenwärtigem Versteck. Die Spezialeinheit umstellte das Haus und forderte Dostal auf, herauszukommen. Sie wiesen ihn auf seine ausweglose Situation hin. „Doch es zeigte sich keine Reaktion", erinnerte sich der Leiter der Aktion, Oberstleutnant Johann Schachner, am Tag danach. Als Dostal weiterhin nicht reagierte, wurde eine Fensterscheibe eingeschlagen und eine Tränengasgranate ins Haus geworfen. Kurz darauf riss er die Tür auf und lief wild um sich schießend heraus. Die Gendarmeriebeamten erwiderten das Feuer, und Dostal ging zu Boden. Er blieb schwer verletzt liegen: nach Einschüssen an der linken Schulter und am linken Arm. „Daraufhin wurde das Feuer eingestellt", so Oberstleutnant Schachner, „und ein Beamter, der sich in unmittelbarer Nähe befand, konnte dann wahrnehmen, dass sich Dostal aus seiner Liegestellung wiederum aufrichtete, und neuerlich seine Pistole gegen einen Beamten in Anschlag brachte. Daraufhin wurden in Notwehr nochmals einige Schüsse abgegeben. Und um 15 Uhr 43 ist dann das Feuer endgültig eingestellt worden. Nachdem auch vonseiten des Dostal kein Schuss mehr gefallen ist."

Ernst Dostals letzte Verschanzung. Ob Mord
oder Selbstmord sorgte für Spekulationen.

Damit war dieser Teil der fünftägigen Horrorvorstellung beendet. Dostal hatte drei Zivilisten umgebracht und vier Beamte niedergeschossen. Absurderweise kamen selbst in den dramatischen Momenten der Hausstürmung und Erschießung Dostals, so wie in den vergangenen Tagen, unzählige Hinweise aus ganz Österreich, wo Dostal sich gerade *wirklich* aufhalten sollte.

Nach dem Tod von Ernst Dostal wurde gerätselt, ob der Schuss eines Beamten tödlich gewesen war oder Dostal sich selbst gerichtet hatte. Bei der Obduktion der Leiche wurden vier Schussverletzungen festgestellt: eine davon war tödlich gewesen, und zwar ein Kopfschuss. Prof. Gottfried Machata führte die Untersuchungen zur Bestimmung der Schussentfernung der verschiedenen Einschüsse durch. Sein Ergebnis: Der Kopfschuss war ein Nahschuss aus 15 bis 20 Zentimetern. Keiner der Beamten war ihm näher als

Die Jagd nach dem Amokläufer Ernst Dostal
ist zu Ende,nachdem ein Inserat in einer
Wiener Tageszeitung auf die Spur des Gesuchten lenkte, konnt er schließlich in
Altlengbach in einem Haus aufgestöbert wer
den.Dostal kam der Aufforderung sich zu
ergeben nicht nach und wurde schließlich
nach Einsatz von Tränengas in einem Feuer-
gefecht mit der Exekutive schwer verletzt
Ernst Dostal starb auf dem Weg ins nächst
legene Krankenhaus.

Bild zeigt: Inspektor Wawra(ohne Kopfbe-
            deckung) der die tödlichen
Schüsse auf Dostal feuerte

zwanzig Meter gekommen – damit sollte der Fall als Selbstmord ad acta gelegt werden können, auch wenn Schachners Aussage eine andere Version suggerierte und kolportiert wurde, ein gewisser Inspektor Wawra hätte die tödlichen Schüsse abgegeben.

Dass Ernst Dostal für die Ermordung und Sprengung Dvoraks verantwortlich war, konnte die Polizei erst nach dessen Tod anhand von Blutspuren an Dostals Autoanhänger beweisen. Die Ermittlungen ergaben außerdem, dass Dvorak und Dostal gemeinsam Entführungen von reichen Industriellen wie Herbert Turnauer und Eduard Schrack geplant und von gigantischen Lösegeldern geträumt hatten: Eine Liste mit Namen prominenter Personen wurde in Dostals Haus in Tullnerbach gefunden. Das dürfte auch der Grund für den Bau der Schreckenskammer am Bauernhof gewesen sein.

Doch als Dvorak kalte Füße bekam und aussteigen wollte, erschoss Dostal seinen Freund und Komplizen ohne Gnade. Danach jagte der Sprengstoffspezialist dessen Leiche in die Luft, um die Identifizierung zu erschweren. Dvoraks Kopf und Hände konnten bis heute nicht gefunden werden. Doch Dvorak und die Dostals fanden – wenn auch zu verschiedenen Zeiten – ihre letzte Ruhe am selben Ort: dem Wiener Zentralfriedhof.

Das Land stand unter Schock und suchte nach den Ursachen für die bizarre Verbrechensserie. Nach Ernst Dostals Tod wurde sein persönliches Umfeld unter die Lupe genommen und sein Werdegang rekonstruiert. Seine Kindheit verbrachte er in der Neustiftgasse im 7. Bezirk in Wien, in der Burggasse ging er zur Volksschule. „Ernsti" galt als heiterer, fröhlicher und relativ unbeschwerter Bub, der gute Noten nach Hause brachte. In der Nachbarschaft hatte er den Ruf, ein hilfsbereiter, aufgeweckter Bursch zu sein. Die Dostals hatten einen großen Boxerhund, mit dem Vater und Sohn gemeinsam durch den Bezirk spazierten. Der Vater lachte, wenn sich andere Kinder vor dem Hund fürchteten, erinnerte sich eine Nachbarin.

Sie galten einerseits – wegen des inneren Zusammenhalts – als Bilderbuchfamilie, andererseits als pedantische Sonderlinge. Außerdem soll Ernst

Dostal ein „verwöhntes Bubi" aus reichem Haus gewesen sein: Er war ein Einzelkind – auch wenn es einen Bruder gegeben hatte. Der war aber im Alter von nur sechs Wochen gestorben. Danach konzentrierte sich die Liebe und Fürsorge der Eltern alleinig auf „Ernsti".

Muttersöhnchen war er trotzdem keines, dafür unternahmen Vater und Sohn zu viel gemeinsam. Von Waffen war Ernst Dostal schon früh fasziniert – auch das ging auf seinen Vater zurück.

Wirkliche Freunde hatte Ernst Dostal nicht, seine Fröhlichkeit schien bereits nach den Volksschuljahren zu welken. Als Teenager galt er bei Mitschülern und Lehrern als skeptisch bis zynisch, trug nicht viel zur Gemeinschaft bei, war aber dennoch höflich und fiel nie aus dem Rahmen. Laut Aussagen von Mitschülern kam er aber schon damals bewaffnet zur Schule und zog einen Waffenhandel auf, verkaufte um 300 Schilling Tränengaspistolen an seine Klassenkameraden. Deren Zukunftsprognose für Dostal junior: professioneller Waffenhändler.

1968 bauten die Dostals ihre Einfamilienvilla in Tullnerbach und zogen von der Neustiftgasse in den Wienerwald. Ernst Dostal ging weiter in die HTL in Wien, im dritten Jahrgang schenkten ihm seine Eltern einen Sportwagen, was kein gutes Bild bei den Mitschülern hinterließ. Zur Matura bekam er ein neues Auto, zum 21. Geburtstag das nächste. Er inskribierte an der Technischen Hochschule Wien, in drei Semestern erwarb er allerdings nur ein einziges Zeugnis – mit „genügend" – und war da wohl schon mit anderen Dingen beschäftigt. 1971 besuchte er einen Sprengmeisterkurs – und lernte Richard Dvorak kennen. Ernst Dostal arbeitete von der Matura bis zu seinem Tod mit seinem Vater zusammen: Erst in einer Schweizer Seilbahnfabrik, in der Robert Dostal Direktor war; später als Assistent seines Vaters in ihrem Zweimannbetrieb in Tullnerbach. Dessen Zweck? Unbekannt.

Am 1. Februar 1972 rückte Ernst Dostal in Stockerau bei der 2. Kompagnie, Ausbildungsregiment 2 ein. Nach der Grundausbildung wurde er Fahrer in der Wilhelmskaserne in Wien. Dort kam er mit seiner zynisch-verzogenen

Art nicht mehr so leicht davon wie in der Schule: Der Besserwisser war den anderen Soldaten zu großspurig und arrogant. Auch mit Geld prasste er – aber nur für sich selbst. Und dass er von seinen Eltern alles bekam, ohne etwas dafür tun zu müssen, verbesserte den Ruf bei seinen Kameraden auch nicht. Seine Komplexe kaschierte Dostal mit Überheblichkeit, Karate, Waffen, Sprengstoff. Einmal bekam er beim Heer eine Ohrfeige und drohte damit, seinen Widersacher zu erschießen. Niemand hat die Warnung ernst genommen.

Trotz allem hielten ihn auch die Soldaten für sehr intelligent und beschlagen. „Er war zwar ein Besserwisser, aber er hat es eben wirklich besser gewusst", sagte ein Kamerad, der mit ihm in der Grundausbildung war. Ein anderer erinnerte sich, Dostal habe durchaus „leicht perverse Neigungen" gehabt, zahlreiche Bücher über Foltermethoden gelesen und diese auch herumgezeigt.

Das Waffenarsenal von Ernst Dostal.

Reden konnte man mit ihm vor allem über Waffen, ab und zu über Autos – aber bei Frauen, Liebe, Sex hielt er sich zurück. Feiern und Alkohol interessierten ihn auch nicht, lieber ging er allein im Wald spazieren oder bastelte an seinen Waffen herum. Dostal lebte in seiner eigenen Welt, war ein verschlossener, schwer zugänglicher Mensch. Offen dürfte er nur seinem Vater gegenüber gewesen sein – der ihn nach eigenen Wünschen formte.

Wer also war dieser Robert Dostal? Ein erfolgreicher Geschäftsmann auf jeden Fall. Inwieweit sein Vater Mitwisser oder -täter bei den mörderischen Machenschaften seines Sohnes war, bleibt Spekulation. Gut möglich bzw. wahrscheinlich ist, dass sie gemeinsam das Verlies gebaut hatten und dort Schießübungen durchführten. Als sein Sohn durchdrehte und flüchtete, floh jedenfalls auch der Vater: über die Schweiz nach Deutschland. Seine letzte Station war Lüneberg, 55 Kilometer südöstlich von Hamburg. Er mietete sich Zimmer 16 im Hotel Altenbrücker Tor und checkte ohne viel Gepäck ein: mit einer kleinen braunen Tasche – und in dieser zwei Pistolen. Außerdem trug er 125 000 Schweizer Franken in einen Briefumschlag mit sich, der an seine Frau adressiert war. Sein Hotelzimmer, eine Flasche billigen marokkanischen Rotwein und eine Portion Scholle mit Kartoffelsalat bezahlte er im Voraus. Dann schrieb er seine letzte Nachricht auf einen kleinen Zettel: „Ich weiß nicht mehr weiter." Eine Woche nach dem Selbstmord seines Sohnes schoss Robert Dostal sich mit 54 Jahren in seinem Hotelzimmer in Lüneberg in die rechte Schläfe und verabschiedete sich für immer.

Für Therese Dostal muss eine Welt eingestürzt sein. Sie hatte ihre zwei Männer so weit unterstützt, wie diese es eben erlaubten – und dann entpuppten sich beide gleichzeitig als völlig fremde Wesen, die sie das ganze Leben lang getäuscht und sich albtraumhafte Welten erdacht hatten. Wenig überraschend wurde sie von einem Herzinfarkt ereilt, als sie von den tragischen Hintergründen erfuhr.

Vieles blieb trotz der ausführlichen Ermittlungsarbeiten weiterhin unklar. Der Fall Dostal ist einer der dubiosesten Kriminalfälle der österreichischen Geschichte, und der Horror war auch mit dem Tod von Vater und Sohn noch nicht vorbei. Zehn Jahre später entdeckte die Polizei in der Villa in Tullnerbach 40 Kilo gelatinösen Sprengstoff, versteckt hinter einem Tresor. Eine eingebaute Sprengfalle funktionierte wie durch ein Wunder nicht, doch mit derselben Art von Sprengstoff war auch Richard Dvorak in die Luft gejagt worden. Was der bzw. die Dostals mit den großen Mengen an Waffen und Sprengstoff tatsächlich vorhatten, konnte nie vollständig geklärt werden: Für eine Entführung musste man auf jeden Fall keine halbe Stadt in die Luft jagen.

Jemand anderer hatte bis zu seinem Lebensende mit den Konsequenzen dieser Wahnsinnstaten zu kämpfen: Ottokar Pücher, einer der Polizeibeamten aus der Rennwegkaserne. Nach dem Genickschuss von Ernst Dostal blieb er bis zu seinem Tod 2010 vom Hals an abwärts gelähmt.

# AUSBRUCH AUS DER JUSTIZANSTALT STEIN: „I BIN'S, DEI PRÄSIDENT!"

Der spektakulärste Gefängnisausbruch Österreichs im November 1971 führte zu einem Bonmot, das heute noch so geläufig ist wie dessen Authentizität schwammig. Mit „I bin's, dein Präsident!", „I bin's, der Präsident!" oder gar „Ich bin der Polizeipräsident!" soll sich der medienwirksame Leiter der Bundespolizeidirektion Josef Holaubek zur Lösung des Geiseldramas gemeldet haben: ein weiteres Kapitel der Wiener Kriminalg'schichteln, auf beinharten Tatsachen beruhend.

Drei zu langen Strafen verurteilte Insassen – Rädelsführer Adolf Schandl (35), Alfred Nejedly (24) und Walter Schubirsch (22) – waren am 4. November 1971 mit zwei Geiseln aus der Justizanstalt Stein geflohen. Sie fuhren in Richtung Wien und landeten in Purkersdorf über einen angeblichen Schleichweg in der Sackgasse einer Kleingartensiedlung. Als Streifenwagen auftauchten, wurde die ohnehin nicht gerade lockere Stimmung äußerst angespannt. Das Trio drehte um und durchbrach den Ring von Einsatzfahrzeugen, um Richtung Wiener Westbahnhof zu fahren – mittlerweile gefolgt von einem ganzen Tross aus Polizisten, Journalisten und Neugierigen. Vor dem Westbahnhof hielten sie an und stiegen mit ihren Geiseln aus. So mancher Passant hielt die Szene für einen Filmdreh, so auch eine Zeitungsverkäuferin, die kurzerhand als weitere Geisel eingesackt wurde. Der Polizei bläuten die Entführer ein, dass die Geiseln nur dann zu Schaden kämen, wenn die Beamten nicht kooperieren würden – und in diesem Fall wären nicht die Ausbrecher, sondern die Gesetzeshüter die Mörder.

Im Zuge eines misslungenen Autodiebstahls samt Schießerei in der Bernardgasse im 7. Bezirk spaltete sich das Trio auf, und Adolf Schandl war ab nun allein unterwegs. Alfred Nejedly und Walter Schubirsch blieben zusammen und fuhren zu einem Haus in der Siebenbürgerstraße 154. Dort wohnte die schwangere Margarete T. mit ihren acht Kindern und einem neuen Partner. Die Unterschlupfadresse hatten die Ausbrecher vom Ehemann der Bewohnerin gesteckt bekommen, der ebenso in Stein einsaß. Von hier rief Nejedly im Polizeipräsidium an, um weitere Forderungen zu stellen. Ihr Aufenthaltsort war damit schnell festgestellt, und es kam zu langen Verhandlungen mit dem Duo – wobei Josef Holaubeks legendäre Worte gefallen sein sollen, die ihre Kapitulation einleiteten. Nejedly und Schubirsch waren nach ihrer fast 72-stündigen Flucht extrem erschöpft: Als Erstes wurde ihnen also einmal erlaubt, ausgiebig zu schlafen.

Bei den anschließenden Verhören zeigten sie sich kooperativ, doch wo Schandl war, davon hatten sie keinen blassen Schimmer. Ein rührender Aufruf von Nejedly an Schandl wurde aufgezeichnet und mehrmals im Radio übertragen: „Adi, leg die Puffn hin, gib auf ...“

Schandl war, wie sich später herausstellte, in einer Wohnung in Hernals, in der Taubergasse 35, bei Marie Baier untergekommen, der Mutter eines anderen „Häfnbruders“. In den frühen Morgenstunden des 20. November wurde Schandl dort als letzter der drei Flüchtigen verhaftet.

Immerhin hatte die sagenumwobene Flucht „positive Kollateralschäden“: Justizminister Christian Broda versprach Reformen im Strafvollzug, besseres Essen und gelockerte Haftbedingungen.

Frau Margarethe T. und ihre acht Kinder nach der Verhaftung
der Stein-Ausbrecher Alfred Nejedly und Walter Schubirsch,
die sich in der Wohnung von Frau T. versteckt hatten. (l.)

Walter Schubirsch bei seiner Verhaftung. Hinter ihm steht
Polizeipräsident Josef Holaubek, dessen legendäre Worte
die Kapitulation eingeleitet hatten. (r. o.)

Alfred Nejedly vor der Kapitulation in der Tür der Wohnung
von Frau T. bei Verhandlungen mit den Kriminalbeamten. (r. u.)

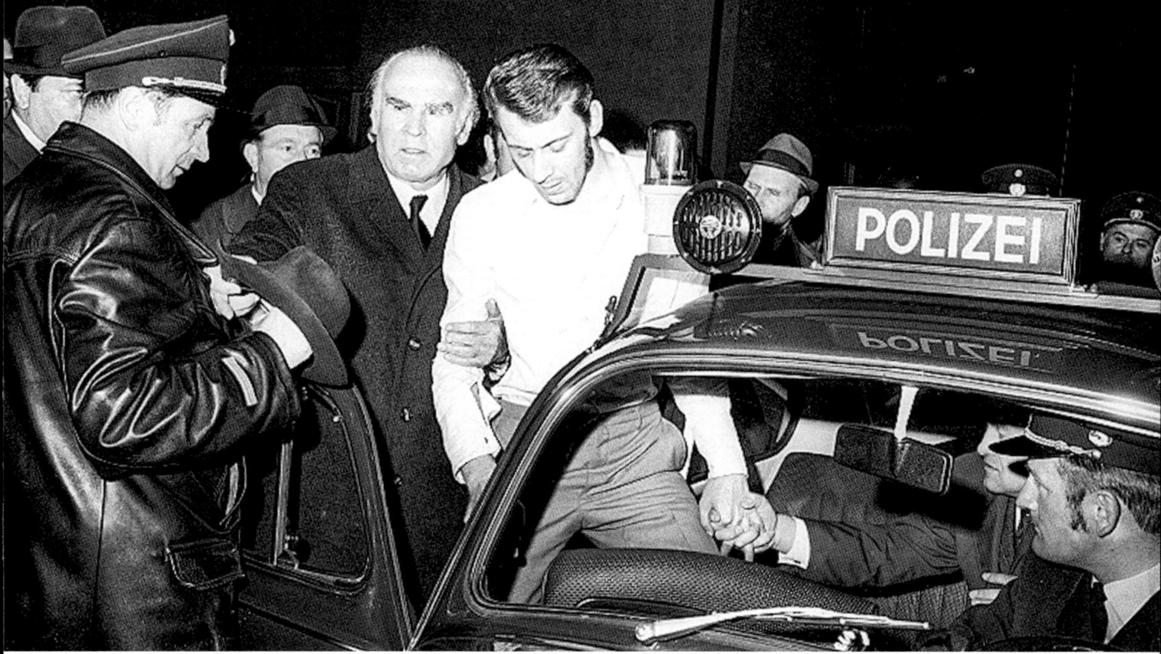
POLIZEI

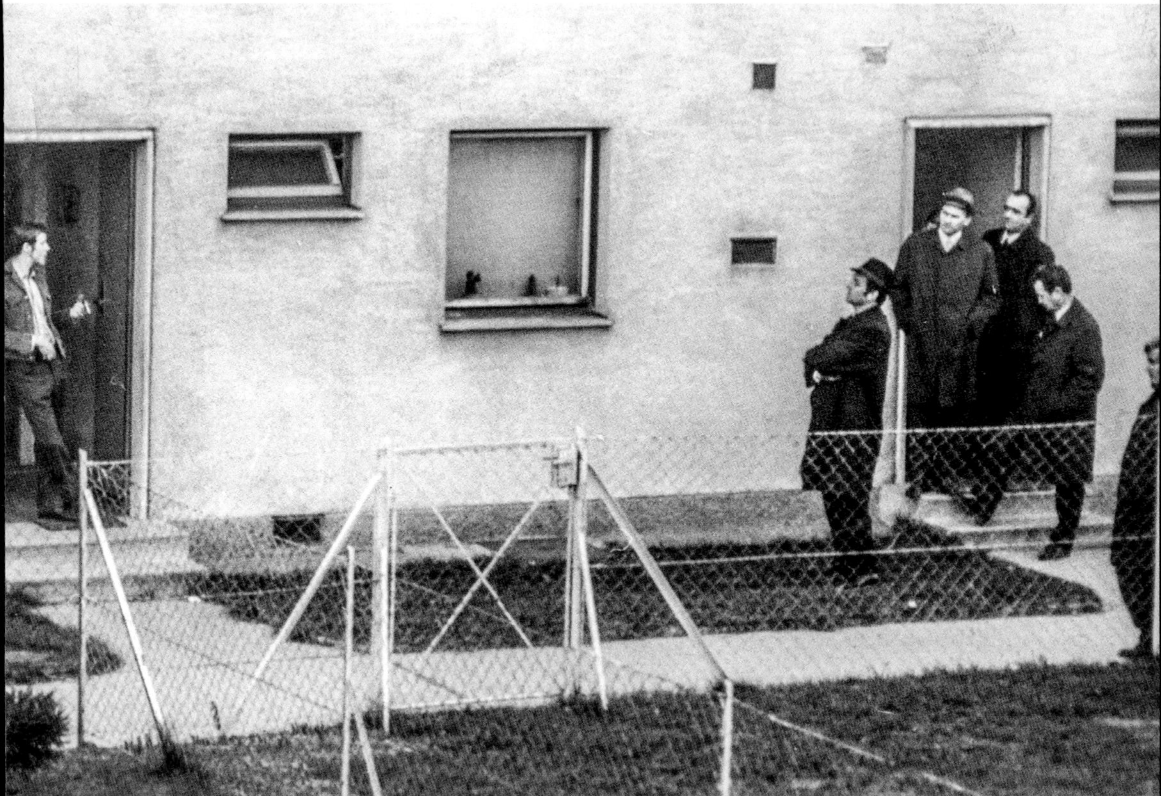

Und die drei Ausbrecher? Nejedly blieb für sein weiteres Leben dem kriminellen Milieu verhaftet. Noch 2008 verpasste er in seinem Stammlokal in Wien-Donaustadt einem Kontrahenten bei einer Rauferei einen Bauchschuss – wobei er „fett wie ein Radierer" gewesen wäre, so der Angeklagte zu seiner Verteidigung. Und hätte er, obwohl sturzbetrunken, seinen Gegner umbringen wollen, dann hätte er woandershin geschossen.

Schubirsch wurde nach dem missglückten Ausbruch ein wahrer Musterhäftling. Er spielte Schlagzeug in der „Häfnband" Hells Dogs – mit niemand Geringerem als Musikerlegende Hansi Lang, der wegen Drogenproblemen immer wieder ins Straucheln kam. Gemeinsam absolvierten sie 1980 eine dreiwöchige Tour durch die Gefangenenhäuser des Landes. Schubirsch wurde nach seiner vorzeitigen Entlassung 1982 solide, ein „franker Bursch", und ersparte sich weitere Gefängnisjahre. Zu „seinem" Präsidenten Holaubek entwickelte sich eine wahre Freundschaft, und die beiden trafen sich nach Schubirschs Entlassung regelmäßig im Café Prückl. Schubirsch lebte für seine Familie, insbesondere seine Tochter, und starb 2021 nach langer, schwerer Krankheit.

Schandl, der schwerste Junge unter den dreien, brachte es nach Jahrzehnten hinter Gittern noch zu so etwas wie spätem Ruhm. 2014 erschienen seine Memoiren „Jailbreak. Nur nicht im Gefängnis sterben", 2018 brachte Susanne Freud den Dokumentarfilm „I'm a Bad Guy" über den Langzeithäftling in die Kinos. In seinen letzten Jahren befand sich Schandl, dem Titel seiner Biografie entsprechend, zwar in Freiheit, doch seinen Traum, nach Australien auszuwandern, konnte er sich nicht mehr erfüllen – nicht zuletzt aufgrund seines Strafregisters und 40 Jahren Haft auf dem Buckel. Schandl beging 2022 im Alter von 86 Jahren Suizid.

Und – der Vollständigkeit halber: Die vielzitierte Szene dieser Flucht samt Geiseldrama wird in Kurt Frischlers und Peter Zehrers Buch „Kriminalwalzer. 120 Jahre Wiener Sicherheitsbüro" recht blumig beschrieben. Nejedly hatte sich bereits ergeben, es war nur noch Schubirsch im Haus. Dieser hatte Angst, erschossen zu werden, sollte er dieses verlassen – doch:

„Um 17 Uhr 20 erscheint endlich auch er in der Tür. Zwei Pistolen hat er im Hosenbund stecken, eine in der Hand. Er ist bleich vor Müdigkeit und sieht entsetzlich erschöpft aus.

Befehlend, in suggestivem Ton, ruft [der Journalbeamte des Sicherheitsbüros Otto] Kornek: ‚Schmeiß' den Puffer weg!' [Puffer = Pistole]. Wie in Trance folgt der Gangster, wirft auch die zweite, und schließlich die dritte Pistole in weitem Bogen von sich, taumelt dann auf die grellen Schweinwerfer zu.

Da ereignet sich jene Szene, die in ihrer wienerischen Diktion die Runde um die ganze Welt gemacht und den Wiener Behörden die Nachrede eingebracht hat, sie würden zuweilen im Takt eines ‚Kriminalwalzers' amtieren:

Aus dem Schatten löst sich Polizeipräsident ‚Joschi' Holaubek, eine hochgewachsene, weißhaarige, massige Erscheinung, und ruft dem heranwankenden Schubirsch zu: ‚Kumm', Walter, i bin's, dei Präsident, es g'schiecht dir nix ...'

Gehorsam wie ein Schulknabe faßt Schubirsch die Hand Holaubeks und läßt sich von seinem Präsidenten zum Streifenwagen führen.

Niemals war die Popularität Holaubeks größer als nach diesem aus der Situation geborenen Ausruf: ‚I bin's, dei Präsident ...'; er wurde in allen ausländischen Zeitungen zitiert und gilt als Beweis, daß es zuweilen in Österreich doch Wege gibt, die anderswo nicht denkbar sind."

So steht es geschrieben. Und wer sollte es besser wissen als das stets der Wahrheit verpflichtete, mittlerweile geschlossene Wiener Sicherheitsbüro? Eben.

MORDLEICHE IN MÜLLGRUBE.
Die Leiche des ermordeten Wiener Leh-
rers Stefan Philipp,er wurde bekanntlich von seinem ehemaligen Freund,dem
Chemiestudenten Stefan Frauenschil
erschossen und auf den Müllablagerungs-
platz der Gemeinde  Jen bei Schwechat
"abgeladen" sucht die Polizei mit ei-
gens auf solche Aufgaben dressierten
Hunden,mit Baggern und Kränen.Das Un-
terfangen mutet fast aussichtslos an;
der Tote liegt unter Tonnen von Müll.
Copyright by Votavafoto Jen  70342

Bild zeigt: Suche nach dem ermordeten
          Lehrer Stefan Philipp

# UNGEKLÄRT

Ungeklärt ist nicht gleich ungeklärt. Typischerweise bleibt der Täter die unbekannte Variable. Doch es gibt auch Fälle, bei denen nicht einmal verifiziert werden kann, ob es sich überhaupt um eine kriminelle Tat gehandelt hat – oder um einen Unfall.

# JOHANNA HYBAL UND HILDEGARD FASAN: MIT LEUCHTGAS IN DEN TOD

Das verliebte Paar Hildegard und Albin Fasan setzt einen gemeinsamen Vertrag auf, in dem es sich ewige Treue schwört – so weit, so gut. Ebenso Teil des Liebespakts: Sollte einer der beiden plötzlich sterben, würde sich auch der andere aus dem Leben verabschieden. Gesetzt den Fall, eine unheilbare Krankheit würde bei einem von ihnen zuschlagen, wollten sie beide den Freitod wählen: eine Abmachung aus freien Stücken, nur füreinander. Doch die Konsequenzen dieses Liebesschwurs sollten abstruse Wendungen nehmen, die bis heute mit einem großen Fragezeichen versehen sind.

Hildegard Fasan kam 1899 als Tochter einer Witwe zur Welt, durfte keine einfache Kindheit genießen und wuchs bei Pflegeeltern auf. Trotzdem ergriff sie eine solide Laufbahn und arbeitete als Buchhalterin im Kaiserin-Elisabeth-Spital im 15. Bezirk. Dort galt sie als „Rechenmaschine", sie konzentrierte sich auf ihre Arbeit, von Liebeleien oder sonstigem Firlefanz hielt sie sich fern – bis sie 1927 auf den Spitalspatienten Albin Fasan traf. Die beiden waren vom ersten Moment an ein Herz und eine Seele.

Doch das Schicksal meinte es nicht ewig gut mit den beiden: Als hätten sie es mit der eingangs beschriebenen Abmachung herausgefordert, sollte es

1948 auf die Einlösung des Vertrags pochen. Hildegard Fasan war zu diesem Zeitpunkt 49 Jahre alt, ihr Gatte 53, und er ließ sich wegen schwerer Magenkrämpfe untersuchen. Die Diagnose: Leberkrebs im Endstadium.

Nicht nur wegen der schriftlichen Vereinbarung, sondern auch wegen ihrer Gefühle wollte sie nicht ohne ihren Mann leben, sondern lieber durch den gemeinsamen Tod für immer mit ihm vereint sein. Zuvor versuchten beide noch alles Menschenmögliche, um am Leben zu bleiben. Hildegard pflegte Albin Fasan Tag und Nacht und vergaß dabei zunehmend auf sich selbst. Ein Hausarzt, der das Paar täglich besuchte, bezeugte, wie sich auch ihr Zustand rapide verschlechterte. Er wollte sie in eine Nervenklinik einweisen – doch Hildegard Fasan wollte, nein, musste bei ihrem Albin bleiben.

Der bekam zur Schmerzbefreiung seine tägliche Dosis Morphium und war dadurch geradezu euphorisch und optimistisch. Er wollte den bevorstehenden Tod nicht wahrhaben. Dass er radikal abmagerte und sein Schicksal schon besiegelt war, schien er nicht wahrzunehmen.

Hildegard Fasan – nicht unter dem Einfluss von Morphium – konnte nicht länger zusehen, wurde immer lebensüberdrüssiger und holte Informationen über möglichst schmerzfreie Selbstmordoptionen ein: Tod durch Leuchtgas war damals eine gängige Methode. Sie besorgte einen Schlauch, um das Gas aus der Küche ins Schlafzimmer zu leiten, und bereitete den gemeinsamen Tod bis ins letzte Detail vor – sogar einen Warnhinweis brachte sie an der Zimmertür an. Das Testament hinterließ sie vor dem Schlafzimmer: Man solle nur ja nicht versuchen, sie wiederzubeleben, sondern sie gemeinsam und ohne trennenden Sarg in ein Grab hinunterlassen.

In der Nacht vom 23. auf den 24. September 1948 war es so weit: Sie drehte den Gashahn auf und legte sich zu ihrem Mann, der von nichts ahnte.

Nachbarn allerdings bemerkten den Gasgeruch. Sie riefen die Polizei, die in die Wohnung eindrang: Albin Fasan war bereits tot, Hildegard – mit dem Hochzeitsbild auf ihrer Brust – konnte gerettet werden: gegen ihren Willen. Sie kam zuerst in die Rudolfstiftung, danach in ein Spital für Häftlinge:

völlig niedergeschlagen, dass der Vertrag von Außenstehenden gebrochen worden war, sie noch immer am Leben, ihr Mann aber tot.

In dieser Klinik lag auch eine gewisse Johanna Hybal, die eigentlich eine Strafe wegen Betrügereien absaß, aber immer wieder wegen verschiedener – simulierter? – Krankheiten ins Spital verlegt wurde. Schnell merkten Hildegard Fasan und Johanna Hybal, dass sie beide keine leichte Kindheit gehabt hatten, durch Kriegsjahre, fehlende Familienidylle und Entbehrungen geprägt. Das war eine gemeinsame Verbindung – zumindest glaubte das Fasan, und Hybal spielte mit. Sie war 1915 in Klosterneuburg zur Welt gekommen, ihre Eltern starben an der Spanischen Grippe, als sie vier war. Hybal kam zu verschiedenen Zieheltern, dann starben auch ihre beiden Geschwister in jungen Jahren. Später bekam sie zwei Söhne von verschiedenen Vätern, hatte aber keine ernsthafte Beziehung zu ihnen und lebte als Alleinerzieherin.

Ab 1945 arbeitete sie im Ernährungsamt in Klosterneuburg und verdiente sich etwas dazu, indem sie Tausende Lebensmittelkarten unterschlug und sie lukrativ im „Schleich" umsetzte. Das ging allerdings nicht lange gut, und 1946 wurde sie zu acht Jahren Haft verurteilt. Aber auch in dieser Zeit konnte sie sich fein durchschlagen, durfte außerhalb des Gefängnisses für einen Fleischhauer arbeiten – und hatte wieder Zugriff auf Lebensmittelmarken. Wieder lebte sie zwar nicht vorschriftsmäßig, aber nicht schlecht davon.

Hildegard Fasan hatte sich in der Zwischenzeit zumindest körperlich wieder so weit erholt, dass sie aus dem Spital entlassen werden konnte, und kam im März 1949 vor Gericht. Ihr Fall erlangte internationale Aufmerksamkeit, die Presse hatte neues Fressen gefunden, und die Wiener Bevölkerung fieberte mit der zierlichen Angeklagten mit, die ja nur das Beste für ihren Mann gewollt hatte und aus reiner Liebe bereit gewesen war, gemeinsam in den für ihn unvermeidlichen Tod zu gehen. Nicht einmal der Staatsanwalt wollte Hildegard Fasan verurteilt sehen, schon die Anklageschrift entschuldigte die Ermordung aus Barmherzigkeit einer Notgeplagten. Unter großem

Jubel wurde sie freigesprochen – aber auch das löste in ihr keinen Freuden-taumel aus. Sie wollte nach wie vor nicht ohne ihren Mann leben.

Todunglücklich zog sie sich in die einst gemeinsame Wohnung in der Gussenbauergasse 5 im 9. Bezirk zurück, nur eine Besucherin empfing sie hier regelmäßig: Johanna Hybal, die 1949 entlassen worden war und gleich darauf geheiratet hatte. Die Scheidung erfolgte ebenso schnell wie die Ver-mählung – ein Liebesverständnis, das dem von Fasan nicht weiter fern liegen konnte. Aber Hybal – sie hatte mit ihren 33 Jahren bereits eine rechtschaffene kriminelle Karriere hingelegt – plante gerade ihren nächsten Coup und wit-terte Potenzial bei der labilen und depressiven Hildegard Fasan.

Hybal redete ihr gut zu und meinte, es wäre besser für sie, die mit Erin-nerungen gefüllte Wohnung zu verlassen und zu ihr und ihren Kindern nach

Lokalaugenschein in der Gussenbauergasse mit Johanna Hybal.

Klosterneuburg zu ziehen. Hybal versprach, sich weiter um Fasans Wiener Wohnsitz zu kümmern, da bräuchte sie sich keine Sorgen machen.

Fasan ließ sich überreden und zog nach Klosterneuburg, zu ihrer „besten Freundin". Wovon sie nichts ahnte: Sofort kamen dubiose Schleichhändler in ihre Wohnung, die im Nachkriegs-Wien alles entwendeten, was man auch nur irgendwie am Schwarzmarkt umsetzen oder verheizen konnte. Zudem bekam die Presse die „Tagebucheintragungen von Hildegard Fasan" vorgesetzt, die geradezu kitschig die Geschichte mit ihrem todkranken Mann bis zum gemeinsamen Selbstmordversuch erzählten. Diese Tagebucheinträge hatten nur eine Crux: Fasan wusste nichts von ihnen, denn geschrieben wurden sie von Hybal, die dafür fest abkassierte. Sie bestellte mehrere Schreibmaschinen in die Fasan-Wohnung – auf den Namen der ahnungslosen Wohnungsmieterin –, die sie allerdings sofort weiterverkaufte, ohne sie bezahlt zu haben.

Währenddessen verfolgte Fasan von Klosterneuburg aus das einzige Lebensziel, das ihr seit dem Tod ihres Mannes noch geblieben war: sich und ihren Körper der Krebsforschung zu vermachen. Sie kontaktierte sämtliche Doktoren und Institute in Wien – doch niemand zeigte Interesse. So teilte sie ihrer nunmehrigen Hausherrin Hybal mit, sie würde einstweilen nach Graz ziehen, um dort ihre Mission weiterzuverfolgen. Hybal fand die Idee gut, meinte aber, sie solle doch vorsichtshalber ihre Wohnung in Wien behalten, da sie seit dem Tod ihres Mannes ohnehin eine monatliche Witwenrente von 200 Schilling bekam. Fasan willigte ein und gab Hybal eine Vollmacht auf ihre Witwenpension, damit sie alles Weitere regeln würde.

Der Tag von Hildegard Fasans Abfahrt nach Graz kam näher, und für den Abschiedsabend besorgte Hybal einige Flaschen Likör, um auf die gute Freundschaft noch einmal anzustoßen. Ein letztes Mal, um genau zu sein. Doch das blieb unentdeckt, denn Hildegard Fasan pflegte zu niemandem außer Hybal Kontakt. Und so ging sie auch niemandem ab.

Erst nachdem ein Händler von Hybal in der Fasan-Wohnung übers Ohr gehauen worden war und die Polizei alarmiert hatte, sah man sich das Domizil genauer an – und fand darin Hybal. Die Beamten wollten wissen, was sie hier machte und wo die eigentliche Mieterin wäre. Hybal gab an, Fasan wäre in der Schweiz auf der Suche nach einem ihr wohlgesinnten Krebsforschungsinstitut und habe ihr die Wohnungsschlüssel samt Vollmacht übergeben. Wegen der unbezahlten Schreibmaschinen kam Hybal trotzdem vors Bezirksgericht.

Natürlich wollte die Polizei wissen, wo Hildegard Fasan sich tatsächlich befand. Die Kriminalbeamten fanden heraus, dass nie ein Pass auf ihren Namen ausgestellt worden war, weshalb sie auch nicht im Ausland sein konnte. Auch Nachfragen bei Krebsforschungsinstituten brachten keine Spur.

Nach mehreren Beschwerden wegen üblen Geruchs von Hybals Nachbarn im Sommer 1951 kam es zu Durchsuchungen des Klosterneuburger Domizils – doch erst im November wurde die Polizei fündig: Unter einem Haufen Gerümpel lag eine verweste, von Mäusen angenagte Leiche.

Nun wurde Hybal dringlich zur Rede gestellt. Sie gab an, vor der geplanten Reise in die Schweiz hätten sie im März noch gemeinsam mit Wein und Likör ausgiebig gefeiert. Nach dem festen Umtrunk wäre sie selbst in ihr Schlafzimmer gewankt, Fasan hätte sich auf der Küchenbank niedergelegt – und war dort unglücklicherweise durch einen Leuchtgasunfall ums Leben gekommen. Sie hatte den Küchenofen im Rausch wohl unabsichtlich aufgedreht, bevor sie sich schlafen gelegt hatte, oder das Gas musste aus irgendeinem anderen Grund ausgeströmt sein. Hybal fand ihre tote Freundin jedenfalls am nächsten Tag, nachdem sie schwer verkatert aufgewacht war, und schleppte die Leiche voller Angst in den Keller.

Die Geschichte schien gut – gut erfunden. Denn Nachbarn hatten Fasan noch am Tag, an dem sie nicht mehr aufgewacht sein soll, im Garten gesehen; und auch einer von Hybals Söhnen hatte mit ihr nach dem kolportierten Tod, noch lebendig, gesprochen.

Die Staatsanwaltschaft warf Hybal vor, sie habe Fasan aus finanziellen Gründen heimtückisch mit Leuchtgas ermordet. Es kam zur Anklage, doch

Johanna Hybal bei
einer Einvernahme.

die wurde bald auf unbestimmte Zeit vertagt: Hildegard Fasan war erst acht Monate nach ihrem Tod im Keller gefunden worden und ihre Leiche derart stark verwest, dass es der Gerichtsmedizin unmöglich schien, zwischen einem gezielt geplanten Leuchtgasmord oder einem Unfall zweifellos zu unterscheiden. Hybal blieb einstweilen in Untersuchungshaft. Bald stellte sich heraus, dass sie schwanger war.

Ihr Sohn war schon im Gefängnis zur Welt gekommen, als „The Mail" aus Adelaide, Australien vom 28. März 1953 über den 54-jährigen Geschäftsmann Eric Sommer berichtete, der die 37-jährige Johanna Hybal heiratete, während sie hinter Gittern saß. Die beiden hatten sich zwei Jahre zuvor kennengelernt, als Sommer auf Geschäftsreise in Wien war. Er hatte versucht, das Sorgerecht zu erhalten, was allerdings für Väter nur dann möglich war, wenn sie mit der Mutter verehelicht waren. Hybal hatte wiederholt um eine Heiratserlaubnis mit dem Vater ihres Sohnes angesucht. Sobald sie diese erhielt, kam Sommer mit dem nächsten Flieger von London nach Wien, sie trat von sämtlichen Rechten zurück und übertrug sie ihrem zukünftigen Mann. Die Hochzeit konnte also stattfinden: völlig nüchtern, ohne Blumen, ohne Liebe oder sonstigen Schnickschnack. Danach trennte sich das Paar für immer: Hybal ging zurück in ihre Zelle, Sommer mit dem 14 Monate alten Sohn nach London.

Als im Oktober 1953 der Prozess fast ein Jahr nach seinem Beginn wiederaufgenommen wurde, hatte die Gerichtsmedizin anhand des teilweise mumifizierten Leichnams noch immer nicht eindeutig feststellen können, ob Hildegard Fasan durch Leuchtgas ermordet worden oder durch einen Gasunfall ums Leben gekommen war. Hybal schwor beim Leben ihrer Kinder, Fasan nicht getötet zu haben: Vier Geschworene glaubten ihr, vier aber nicht – und so wurde sie im Zweifelsfall freigesprochen, zumindest vom Tötungsdelikt. Wegen wiederholter Betrugsfälle bekam sie dennoch sechs Jahre Haft.

Ob Hildegard Fasans Tod ein Unfall oder Mord war, konnte bis heute nicht geklärt werden. Dass sie lieber schon vorher mit ihrem Mann abgetreten wäre, hatte sie noch selbst gesagt.

# ILONA FABER: MÄDCHENMORD AM RUSSENDENKMAL

Die 21-jährige Ilona Faber steht kurz vor dem Abschluss ihrer Mannequinausbildung. Am 14. April 1958 schaut sie sich den Elvis-Presley-Film „Gold aus heißer Kehle" im Wiener Schwarzenberg-Kino an, Vorstellungsbeginn ist um 20 Uhr. Danach macht sie sich auf den Heimweg, in die nahe gelegene Argentinierstraße 66, wo sie mit ihren Eltern wohnt. Doch sie kommt nicht weit: Ilona Faber wird am Schwarzenbergplatz überfallen und hinter das Russendenkmal gezerrt. Am nächsten Morgen wird die junge Frau hinter einer Säule gefunden: nackt, erwürgt, mit zahlreichen Bissverletzungen, sexuell missbraucht, halb verscharrt.

Dieses Verbrechen wurde zu einem der aufsehenerregendsten Wiens und zum ersten, worüber das völlig neuartige Medium Fernsehen ausführlich berichtete. Wolfgang Kudrnofsky schreibt in seinem Buch „Gassner, Gufler & Co.": „Der Fall Ilona Faber wurde schon in den ersten Stunden publizistisch ausgeschlachtet: Das damals noch im Baby-Stadium steckende Österreichische Fernsehen – es hatte ja erst 1955 mit dem Abzug der Alliierten, quasi zum Hinterherschauen, begonnen – schaltete sofort eine Sondersendung für seine paar Abonnenten ein, in der man die Kleidungsstücke und den Schirm der Ermordeten in einer Art Late-Night-Horror-Show um 21 Uhr zum damaligen Sendeschluss zeigte, mit der Bitte um sachdienliche Hinweise."

Schaulustige am Tatort am Schwarzenbergplatz.

Ein weiterer Grund für die großangelegte mediale Berichterstattung dürfte die Tatsache gewesen sein, dass Ilonas Vater Dr. Ludwig Faber ein prominenter Ministerialbeamter und enger Freund des damaligen Handelsministers und späteren Vizekanzlers Dr. Fritz Bock war. Bock forderte unmittelbar nach dieser Bluttat die Wiedereinführung der Todesstrafe für Sexualverbrecher und kündigte eine diesbezügliche Volksbefragung an.

Doch zuerst einmal sollte der Täter gefunden werden. Der Wachbeamte, der am Tatabend routinemäßig am Schwarzenbergplatz gestanden war, hatte von dem Verbrechen nichts bemerkt, jedoch eine verdächtige Person beim Herumschleichen beobachtet. Diese konnte bereits wenige Tage nach der Tat festgenommen werden: Johann Gassner, 30 Jahre, unterstandslos, mehrfach vorbestraft. Seine Fußabdrücke stimmten mit denen am Tatort

Die Mordstelle beim sogenannten Russendenkmal wird mit einem Metalldetektor abgesucht.

überein. Er gab an, dort eine Tasche zwischengelagert zu haben, um sie nicht ständig mitschleppen zu müssen. Dann fand man vor seinem Stammlokal am Naschmarkt jene Ohrringe, die Ilona Faber am Abend ihrer Ermordung getragen hatte. Zudem wurden Bissspuren in ihrem Brustbereich festgestellt, die mit dem Zahnabdruck von Gassner zusammenzupassen schienen. Der aber galt als homosexuell und war im „Strichermilieu" bekannt, seit er zwölf Jahre alt war – warum also sollte er ein junges Mädchen sexuell missbrauchen und umbringen? Gassner wurde wieder freigelassen.

Es tauchte Kritik an den zähen Ermittlungen auf, gleichzeitig aber auch eine Aussage, die in eine komplett andere Richtung führte: in ein nobles Domizil in der direkt an den Schwarzenbergplatz anliegenden Prinz-Eugen-Straße. Dort wurden angeblich regelmäßig Orgien mit jungen Mädchen gefeiert, bei denen Männer aus den höchsten Kreisen verkehrten. Auch in der Tatnacht sollen Nachbarn Mädchenschreie gehört haben. Womöglich also war Ilona Faber in diesem Zusammenhang ermordet und erst später an ihrem Fundort abgelegt worden?

So dankbar die Medien für diese sensationellen Gerüchte waren, so schnell verschwanden sie wieder im Nirgendwo.

In der Zwischenzeit hatte ein Erfinder versucht, Kapital aus dem Fall zu schlagen, und eine laut heulende Sirene für jederfraus Handtasche entwickelt, die im Notfall aktiviert werden konnte und die damals noch relativ absurd auf das Gros der Bevölkerung wirkte: Gab es denn keine anderen Probleme, die man nicht mit Todesstrafe lösen konnte? Bis sich ähnliche, gebrauchsfähige Taschenalarmgeräte etablierten, sollte es noch eine ganze Weile dauern.

Im Zuge weiterer Untersuchungen kam man darauf, dass das Kino bei „Gold aus heißer Kehle" voll von „Lederjackenträgern" gewesen war, die einen „Riesenwirbel" gemacht hatten. Plötzlich ermittelten die Beamten im Milieu der „Halbstarken", die der Gesellschaft ohnehin für jede Schandtat verdächtig schienen. Jazzclubs und Jugendtreffs wurden unter die Lupe genommen – aber auch diese Spur verlief im Sand.

Johann Gassner vor Gericht – ein Publikumsmagnet wider Willen.

Spekulationen wuchsen weiterhin wie die Schwammerln aus dem Boden, waren dankbares Futter für Boulevard und Fernsehen, detaillierte Schilderungen und diverse Theorien hielten die Sensationslust am Köcheln. Der Schwarzenbergplatz wurde zum Treffpunkt für Tatortkiebitze und Freizeitdetektive, und das Begräbnis von Ilona Faber geriet zum Massenevent, bei dem die Polizei damit beschäftigt war, das Publikum in Zaum zu halten.

Später wurde Johann Gassner neuerlich verhaftet, und 1959 kam es zum Indizienprozess gegen ihn – der im denkbar knappsten Ergebnis endete: Vier Geschworene hielten ihn für schuldig, ebenso viele für unschuldig – im Zweifel für den Angeklagten. Gassner kam mit einem Freispruch für den ihm angelasteten Mord davon. Wegen anderer Delikte, die im Zuge der Ermittlungen ans Licht gekommen waren, erhielt er jedoch drei Jahre Haft.

Die Polizei hatte weiterhin alle Hände damit zu tun, „verdächtigen Wahrnehmungen" aus der Bevölkerung nachzugehen, die nicht und nicht aufhören wollten. Eines Tages erhielt die Polizei eine Postkarte: „Ich sitze in einem Linzer Gasthaus bei einem Wiener Schnitzel und lasse es mir gutgehen. Dennoch bin ich der Mörder Ilona Fabers, aber ihr erwischt mich nicht. Tschapperln!" Die als Tölpel Geschmähten konnten in mühevoller Kleinarbeit das Gasthaus in Linz eruieren, und der Wirt erinnerte sich tatsächlich an einen Gast wenige Tage zuvor, der beim Wiener Schnitzel grinsend eine Postkarte geschrieben hatte – weiter führte auch diese Spur nicht.

Die Ermittlungen wurden in alle möglichen Richtungen ausgedehnt, und eigenartigerweise tauchten fortwährend neue Fundstücke des Mordopfers auf: 1962 etwa in der Wohnung eines verstorbenen Herrn ein Schuh von Ilona Faber – selbst das brachte keine weiteren Erkenntnisse. Über die folgenden Jahre und Jahrzehnte wurde der Fall immer wieder mithilfe neuer Techniken aufgerollt, doch auch die erst viel später entwickelte DNA-Analyse brachte: kein Ergebnis. Tschapperln?

Erst im Jahr 2002 meldete sich die 63-jährige Erika Weniger, die behauptete, ihr 1996 verstorbener Mann Eduard Studenik, ein 1936er-Jahrgang, hätte Ilona Faber auf dem Gewissen und ihr die Tat noch in der Mordnacht gestanden. Sie wäre nervlich völlig am Ende gewesen, und sowohl Arzt als auch Anwalt hätten davon abgeraten, den Fall der Polizei zu melden. Nun aber, ein halbes Leben später, wollte sie ihr Gewissen endlich erleichtern. Später schrieb Erika Weniger in ihrem Buch „Liebe, Mord und tausend Tränen" ihre Erlebnisse nieder: Insgesamt war sie durch sechs Ehen gegangen, von denen zwei mit dem Tod und vier mit der Scheidung endeten. Von Eduard Studenik hatte sie sich bereits 1960 getrennt. Auch sie habe er, schon vor der Ermordung von Ilona Faber, gewürgt.

Die Akten wurden also wieder geöffnet, die gerichtsmedizinischen Gutachten abermals studiert. Auch das neue medizinische Verfahren der Fotogrammetrie wurde eingesetzt, um die Bisswunden am Mordopfer mit dem Zahnschema von Johann Gassner im Detail vergleichen zu können. „Es gibt mehrere Übereinstimmungen zwischen dem Gebiss und der Bissspur", befand der Wiener Gerichtsmediziner Manfred Hochmeister, „aber mit Sicherheit kann man trotzdem nicht sagen, dass Gassner der Täter war." Der Chef des Wiener Sicherheitsbüros Max Edelbacher hielt weiterhin den 1959 freigesprochenen Johann Gassner für den wahrscheinlichsten Täter – aber nichts Genaues weiß man nicht, wie es in Wien heißt.

Ilona Fabers Mörder konnte nie gefunden werden.

Das Begräbnis von Ilona Faber
am Wiener Zentralfriedhof.

## Sexualmord an einem 12-jährigen Mädchen.

Am Wiener Stadtrandgebiet, in Maria Enzersdorf wurde gestern abend ein grausamen Sexualverbrechen an einem 12-jährigen Mädchen begangen. Der Täter konnte bis zur Stunde noch nicht ausgeforscht wœden, doch weist der Mord ähnliche Parallélen mit dem Mord an der Mannequinschülerin Ilona Faber auf, die vor zwei Jahren auf ähnliche Weise in Stadtzentrum von Wien im Schwarzenbergpark ermordet wurde und deren Täter bis zum heutigen Tage noch nicht ausgeforscht wurde. Bei dem gestrigen Mord an der Hauptschülerin Brigitte Beszenlerer, wurde das Kind nach einen Kinobesuch in de Park einer halbverfallenen Villa gezerrt, dort mißbraucht und auf fürchterliche Weise mit Messerstichen

Bild zeigt: Der Tatort in der Villa Pscheidt. Auf den ~~Stufen~~ Stufen der halbverfallen Villa, fand man die Kleidungsstücke der Ermordeten. Im Hintergrund Kriminalpolizei, die Spuren nach dem Täter sucht.

173

# UNGEWÖHN-
# LICH GEKLÄRT

Manche Fälle können trotz Einfallsreichtum und Beharrlichkeit nie ganz geklärt werden, bei anderen braucht es schlicht Zeit – und das können auch Jahrzehnte sein: sei es, weil Kommissar Zufall in seinem eigenen Tempo arbeitet; technische Entwicklungen sich lange hinziehen; oder es oft Jahre dauert, bis die richtigen Ermittler auf die richtigen Verbrecher stoßen.

# JOHANN BERGMANN: DER STEPHANSTURM-KLETTERER

Am frühen Abend des 19. Dezember 1954 wird die vorweihnachtliche Idylle der Wiener Innenstadt jäh unterbrochen: Jemand ist auf den Turm des Stephansdoms geklettert, in selbstmörderischer Absicht, heißt es – und die Schaulustigen finden sich schneller am Fuße des Doms zusammen als die Feuerwehr. Für die kommt wegen der Turmhöhe von 136 Metern ein Einsatz mit der Feuerwehrleiter nicht infrage. Stattdessen wird für den schlimmsten Fall ein Sprungtuch aufgespannt, während ein Feuerwehrmann die Außenleiter an der Turmfassade hochklettert. Oben angekommen, versucht er den möglichen Turmspringer zu beruhigen – und schafft es tatsächlich, ihn wieder heil auf den Erdboden zu lotsen. Unten wartet bereits die Presse und empfängt ihn mit Blitzlichtgewittern: Der Weihnachtsfrieden ist gerettet! Wie sich Jahre später herausstellen sollte: Das Gegenteil ist der Fall.

Der Klettermax hieß Johann Bergmann: ehemaliges Heimkind, zerrüttete Verhältnisse, Bäckergehilfe, Fremdenlegionär, mittlerweile obdachlos, des Lebens überdrüssig, obwohl noch keine 20 Jahre alt. Er hatte also schon einiges durchgemacht – es sollte aber wenige Jahre nach der Turmkletterei noch viel schlimmer kommen.

Was ihn sein Leben lang begleitete und ihn, wie er meinte, zum allgegenwärtigen Spottobjekt machte, war seine große Nase. Eine Schönheitsoperation 1958 erbrachte nicht die nötige Wirkung, verunstaltete ihn sogar noch mehr, so sein Eindruck. Bergmann lebte damals, gemeinsam mit anderen psychisch Erkrankten, bei den Barmherzigen Brüdern in Kainbach bei Graz. Dort lernte er Josefa Kollmann kennen, eine, wie es damals hieß, geistesschwache Frau, die oft grundlos lächelte. Bei einem Spaziergang am 18. Juli 1958 fühlte er sich von ihr plötzlich ausgelacht, er machte kurzen Prozess und erwürgte sie. Da die Leiche erst Wochen später mit starken Verwesungserscheinungen gefunden wurde, protokollierte man als Todesursache einen Herzinfarkt.

Bergmann arbeitete da schon für den Circus William, fühlte sich aber nach wie vor wegen seines Äußeren verhöhnt. Ein Kollege soll ihn als Meerschweinchen bezeichnet haben, was er auch der Polizei meldete. Für Bergmann folgte eine Einweisung in die Nervenheilanstalt Gugging bei Wien. Am Naschmarkt lernte er bei einem Freigang die 58-jährige Prostituierte Juliane Emsenhuber kennen. Nur zwei Monate nach seinem ersten Mord tötete er sie im September 1958 in ihrer Wohnung in der Schleifmühlgasse 18 – mit einem Maurerfäustel.

Die Gegend um den Naschmarkt und den Resselpark galt als Schwarzmarktparadies und traditioneller Sündenpfuhl mit zwielichtigen Lokalen. Um eine kleine Ahnung vom damaligen Wiener „Milieu" zu geben, seien aus dem „Offiziellen Jahrbuch des Unterstützungsinstitutes der Bundes-Sicherheitswache 1960" folgende Zahlen zitiert: „Von Organen des Büros zur Bekämpfung der Geschlechtskrankheiten und des Mädchenhandels wurden über 233 Hotel- und Lokalstreifen durchgeführt und dabei 1012 Frauen wegen Bedenklichkeit angehalten. Von diesen wurden 273 wegen festgestellter geschlechtlicher Erkrankung in die Heilanstalt Klosterneuburg eingeliefert. Ende 1959 standen 556 Prostituierte unter sanitätspolizeilicher Kontrolle. Es wurden über 700 Verwaltungsstrafen verhängt, unter anderem in 584 Fällen gegen Geheimprostituierte und in 136 Fällen wegen Übertretung des Meldegesetzes. In 355 Fällen wurde eine strafgerichtliche Anzeige wegen Übertretung des Vagabundengesetzes erstattet." Und: „Über 410 notorische Trinker mussten Gasthausverbote ausgesprochen werden."

Zunächst wurde ein Polizist des Mordes an Juliane Emsenhuber verdächtigt, während absolut keine Verbindung zu Bergmann hergestellt wurde. Dieser erschoss wenig später, im November 1958, aus Geldnot den Portier des Hotels Schweizerhof, unweit des Stephansdoms, Rudolf Topf. Bergmann konnte zwar fliehen – jedoch mit einer Beute von lediglich 30 Schilling, worauf er am 28. Dezember den nächsten Raubüberfall beging: auf die Gießereifirma August Klär & Söhne in der Nähe der Wiener Stadthalle. Der Polizeibeamte Franz Vyzralek nahm mit dem Funkwagen die Verfolgung auf und seine Mission sehr ernst – und das in Zeiten ohne Sicherheitsgurte selbst für Sicherheitskräfte. In einer Kurve flog sein Beifahrer aus dem Auto, Vyzralek raste dem Täter allein hinterher und es gelang ihm, ihn in der Gernotgasse zu stellen.

# MORD AN EINER WIENER PROSTITUIERTEN

In ihrer Wohnung im vierten Wiener
Gemeindebezirk, Schleifmühlgasse 18,
fand man gestern nachmittag die 58-
jährige Juliane Emsenhuber erschlagen
auf. Zum fünftenmal seit Kriegsende
steht die Wiener Kriminalpolizei
vor der schwierigen Aufgabe, einen
rätselhaften Mord an einer Prostituierten zu klären.
Aus der Wohnung der Ermordeten fehlen
zahlreiche Wertgegenstände, sowie
Bargeld in der Höhe von 10.000 Schilling. Zwei Sparbücher mit einer Ein-
lage von 41.000 Sch. sind ebenfalls
in die Hände des Täters gefallen.
Heute früh ergab sich die sensatio-
nelle Wendung, dass der Wiedner
Prostituiertenreferent, Rayonsinspek-
tor L., dem man diverse Erpressungen
an Halbweltdamen nachweisen konnte,
unter dem dringenden Verdacht, der
gesuchte Mörder zu sein, verhaftet
wurde.                          27.9.58
Photo Votave.


Bild zeigt:  Der Sarg mit dem Ermordeten wird aus dem Haus getragen

In den Verhören gab Bergmann wirre Aussagen zu Protokoll, er behauptete, ein gescheiterter Schauspieler zu sein, der aus Mangel von Engagements auf den falschen Weg gekommen wäre: das alte Nasenproblem. Doch verdächtigt wurde er bislang lediglich des letzten Überfalles, aber keines Mordes. Wie konnten diese also geklärt werden?

Durch solide Polizeiarbeit. Im „Offiziellen Jahrbuch des Unterstützungsinstitutes der Bundes-Sicherheitswache 1960" heißt es dazu – nicht ohne Stolz: „Jeder, auch der geringsten Spur wird mit größtem Eifer nachgegangen. So konnten durch intensive kriminalistische Arbeit nach der Festnahme des Johann Bergmann drei Morde aus früherer Zeit geklärt werden. Nämlich der an dem Hotelportier Rudolf Topf und an Juliane Emsenhuber sowie Josefa Kollmann in der Steiermark."

Es gibt aber auch Berichte über Verhörmethoden aus dem „guadn oidn Wien", die über „größten Eifer" und Disziplin hinausgehen, viel eher ein Gespür für das Gegenüber voraussetzen, um an Informationen zu gelangen, mit denen der Verhörte eigentlich nicht rausrücken wollte: „Ausländische Kriminalisten, die die Wiener Methoden studiert haben, sprechen mitunter auch – einen Wiener Begriff verwendend – vom ‚Wiener Schmäh', den man hierzulande anwende", heißt es in Kurt Frischlers und Peter Zehrers Buch „Kriminalwalzer. 120 Jahre Wiener Sicherheitsbüro". „Gemeint ist damit jenes Geschick, den anderen ‚nehmen' zu können, eine Psychologie, die auf der Mischung von gespielter Strenge und echter Freundlichkeit – oder umgekehrt! – beruht, vor allem aber auf dem sonderbaren, Verhörer und Verbrecher menschlich verbindenden Faktum, dass beide um die Spielregeln dieses Miteinander-Umgehens wissen.

Auch der Verbrecher hat einen – wenngleich vertrackten – Ehrenkodex, und er schätzt Kriminalbeamte, die ihr Wort halten, die ihm aber auch keine falschen Hoffnungen machen (etwa: ‚Wennst niederlegst, kriegst weniger Schmalz!'). Je hartgesottener der Übeltäter, desto eher wird er sich einem hartnäckigen Beamten anvertrauen, den er – auch wenn dieser auf der anderen Seite steht – als ‚Partner' akzeptiert."

Im Juni 1960 wurde Bergmann zu lebenslänglicher Haft verurteilt, nach der Verhandlung verabschiedete sich der verhinderte Bühnenkünstler mit einem herzlichen Götz-Zitat. Der Wiener Schmäh war offenbar bei ihm angekommen.

Johann Bergmann, Österreichs zweiter Massenmörder.

Noch sind die Untersuchungen im Mordfall Gufler, des berüchtigten Massenmörders nicht abgeschloßen, Gufler hat bekanntlich 5 Morde, einen Raubüberfall eingestanden und wird noch weiterer Morde verdächtigt, da wurde bereits wieder ein zweiter Massenmörder entlarvt. Johann Bergmann, der bereits 1954 von sich reden machte, bekanntlich erkletterte er damals den Stefansturm und harrte dort fünf Stunden aus. Man glaubte damals an die Tat eines Irrsinnigen. Bereits vier Jahre später stellte sich heraus daß Bergmann nicht nur ein Psychopath, sondern ein ganz gemeiner Mörder ist. Durch den Film "Das Mädchen Rosemarie" inspiriert, hat Bergmann von Juli bis November 1959 drei Morde begangen und gestanden. Das erste Opfer war eine Mitpatientin in einer Heil-und Pflegeanstalt in der Bergmann untergebracht war, die 58 jährige Josefa Kollmann, dann erschoß Bergmann einen Wiener Hotelportier Rudolf Topf und dann ermordete er noch die Protistuierte Juliane Emsenhuber, von der man bisher glaubte, dass sie zu den Opfern Gufler genörte.
Photo Votava.                    19.2.59

Bild zeigt: Das Mordopfer Juliane Emsenhuber, in Wien unter dem Namen "Maschmarkt-Julie" bekannt.

Trotz sorgfältiger Ermittlungsarbeiten lässt sich nicht jedes Rätsel lösen.

# KRIMINALFOTOGRAFIE ZWISCHEN DOKUMENTATION UND LUST AM SCHAUDER
## GERALD PIFFL

Man kann nicht leugnen, dass es bei Geschichten von wahren Verbrechen auch um Sensationslust und Nervenkitzel geht. Bei historischen Bildern wird durch die zeitliche und emotionale Distanz das Böse abstrakter in den Blick genommen und die Angstlust gefördert. Das Crime-Foto hat etwas Bedrohliches und erweckt einen Schauder, wie ein Krimi im Fernsehen. Beim Betrachten kann man sich die Umstände vorstellen und die damaligen Ereignisse nachvollziehen. Auch der Blick in das Gesicht des Verbrechers als Mann oder Frau von nebenan, dem oder der man das Verbrechen nicht angesehen hätte, bietet einen Moment des Schreckens, im Sinne einer griechischen Tragödie. Die Beschäftigung mit Verbrechen und Strafe hat somit auch eine kathartische Komponente.

Fotografien, die in Zusammenhang mit Verbrechen stehen, können in drei Felder unterschieden werden: erkennungsdienstliche Porträts zur Identifizierung von Verdächtigen, inklusive der Dokumentation von Beweismitteln wie Fingerabdrücken, Tatortfotos zur Rekonstruierung des Verbrechens selbst und schließlich fotojournalistische Arbeiten, die sich vor allem mit der Tat, dem Täter oder der Täterin, der Verhaftung und der Verurteilung beschäftigen.

Die ältesten fotografischen Formen von Polizeifotografien waren erkennungsdienstliche Aufnahmen, mit denen man sowohl verdächtige Personen dokumentieren wollte als auch verurteilte Verbrecher im Gefängnis, falls diese rückfällig würden. Die ersten bekannten Aufnahmen dieser Art stammen von 1843 und zeigen Haftentlassene in Belgien.[1] In Österreich wurde 1899 das erste fotografische Atelier im Polizeigefangenenhaus in der Theobaldgasse in Wien eingerichtet. Die Sammlung von Porträts diente der „Evidenzhaltung gemeingefährlicher Individuen" und war nach dem Alphabet und nach Kategorien wie „Einbrecher, Banknotenfälscher, Mädchenhändler, Hochstapler, Falschspieler, Taschendiebe", aber auch „Telefondrahtdiebe" geordnet.[2] Man suchte bereits die Zusammenarbeit mit internationalen Sicherheitsbüros, jedoch benötigte es noch weitere Schritte zu einer systematischen Produktion von Personenfotos und der biometrischen Dokumentation von Verbrechern. Um 1900 entstanden moderne Formen der kriminalistischen Arbeit mit neuen Methoden der Beweissicherung, die maßgeblich auf den Grazer Kriminologen Hans Gross zurückgingen. In Frankreich entwickelte Alphonse Bertillon ein System der einheitlichen erkennungsdienstlichen Aufnahmen im Profil und en face vor neutralem Hintergrund, die auch in Deutschland und Österreich übernommen wurden.[3]

Als weiterer Schritt zur Überführung von Tätern etablierte sich zur selben Zeit die Tatortfotografie zur „Sicherung des Zustandes und der Verhältnisse um und am Ort eines kriminalistisch relevanten Ereignisses" . Oberstes Ziel war es, Spuren störungsfrei abzubilden und so einen objektiven Tatortbefund zu liefern. Diese Fotos zeigten die Opfer von Verbrechen in der Situation ihres Auffindens in oft schockierenden Ansichten und dienten auch vor Gericht als Beweismittel. Die Fotografen – fast ausschließlich Männer – waren kriminalistisch ausgebildet und wussten, wie sie den Tatort zu fotografieren hatten. Diese Polizeifotos waren zwar nicht für die Veröffentlichung bestimmt, wurden aber auch in zahlreichen Publikationen verbreitet.

Dieses Buch allerdings dreht sich nicht um diese Art von Details von Verbrechen und zeigt keine dokumentarischen Leichenfotos: Nicht der Blick auf Opfer ist interessant, sondern die Umstände der Tat, die Person des Täters oder der Täterin und ihre Motive.

Die Bilder erzählen von Verbrechen, ohne sie zu präsentieren. Der Tatort wird post festum gezeigt, oftmals sind Zeugen zu sehen, die über ihre Wahrnehmung berichten.

Die Fotografen waren auch bei der Tätersuche, bei der Verhaftung und schließlich beim Lokalaugenschein und später im Gerichtssaal dabei.

Im Unterschied zu den strengen Regeln der polizeilichen Dokumentation von Kriminalfällen werden Pressefotos nach ästhetischen Gesichtspunkten gestaltet. Gestern wie heute sind sie Teil der tagesaktuellen Berichterstattung, mit dem obersten Ziel der objektiven Darstellung der Ereignisse.

Die gezeigten Bilder stammen zum größten Teil aus dem Archiv der Pressebildagentur Votava, die von Franz Votava bereits kurz nach Ende des Zweiten Weltkriegs gegründet wurde und sich in kürzester Zeit zu einem zentralen Bildlieferanten der sich neu formierenden Medienlandschaft entwickelte. Ein Team aus Fotografinnen und Fotografen, Labor- und Archivkräften dokumentierte viele Jahrzehnte lang alle wichtigen politischen, sportlichen und gesellschaftlichen Ereignisse sowie das tagesaktuelle Geschehen Österreichs, aber auch internationale Ereignisse und Persönlichkeiten. Im Archiv der Bildagentur Votava, heute Teil des Bildarchivs brandstaetter images, haben sich daher über die Jahrzehnte auch Negative von Hunderten Kriminalfällen und Gerichtsverhandlungen erhalten, die eine umfassende Dokumentation der Kriminalgeschichte darstellen und in ihrer Fülle großteils noch nicht gezeigt wurden.

Die Polizei befragt Besucher der Wiener Donauinsel
nach Hinweisen in einem Kriminalfall.

1 Sabitzer, Werner: Die Anfänge der Polizeifotografie. In: Öffentliche Sicherheit. 5-6/2020, S. 31–33, hier S. 32.

2 Ebd. S. 31.

3 Vgl. Schneck, Hanna; Faber, Monika: Emil Wrbatas Weg vom Höhlen- zum Polizeifotografen. In: Blitzlicht in der Unterwelt. Emil Wrbata fotografiert Erdställe und Tatorte, hrsg. v. Hanna Schneck, Fotohof edition, Salzburg, 2020. S. 83–125, hier S. 92.

4 Regener, Susanne: Verbrechen, Schönheit, Tod. Tatortfotografien. In: Fotogeschichte, 78/2000, S. 27–42, hier S. 28.

**Clemens Marschall** ist promovierter Musikwissenschaftler, Autor, freier Journalist (u.a. Die Zeit, profil, Ö1) und Gründer des Magazins Rokko's Adventures, das mit David Schalko als Produzent auch als ORF-Fernsehmagazin umgesetzt wurde. Der umtriebige Randzonen- und Grenzlandforscher veröffentlichte u.a. gemeinsam mit dem Fotografen Klaus Pichler „Golden Days Before They End", einen Text-Bildband über aussterbende Wiener Espressos, Beisln und Branntweiner, sowie „Edition Privat. Claudias und Rudis Wien intim".

**Adele Neuhauser**, geboren in Athen, aufgewachsen in Wien, machte zunächst als Theater-Schauspielerin Karriere, bevor sie den Schwerpunkt ihrer Arbeit zu Film und Fernsehen verlegte. Zu ihren populärsten Rollen gehört jene der Majorin Bibi Fellner in den Wiener „Tatort"-Folgen, die sie seit 2011 verkörpert. 2017 erschien im Brandstätter Verlag ihr Spiegel-Bestseller „Ich war mein größter Feind".

**Gerald Piffl** ist Fotohistoriker und Theaterwissenschaftler. Er ist Produktmanager bei APA-PictureDesk mit dem Schwerpunkt auf historischen Archiven. Seit 2004 leitet er das Archiv von brandstaetter images, dem größten privaten Bildarchiv Österreichs mit einem analogen Bestand von ca. drei Millionen Fotografien, das unter anderem die Nachlässe bedeutender Fotografinnen und Fotografen wie Franz Hubmann oder Barbara Pflaum beinhaltet.

# QUELLEN UND LITERATUR

Teilweise gibt es widersprüchliche Schilderungen historischer Fälle, zu denen nach ausführlicher Recherche die plausibelsten Versionen übernommen wurden. Bei groben Widersprüchlichkeiten wird im Text auf ebendiese hingewiesen.

Einzelne Quellen wurden direkt im Text angegeben. Außerdem hilfreich waren die Archive der Österreichischen Nationalbibliothek, der Wiener Zeitung, des ORF und des Onlinemagazins der Vereinigung Kriminaldienst Österreich.

Frischler, Kurt; Zehrer, Peter: Kriminalwalzer. 120 Jahre Wiener Sicherheitsbüro, Verlag Jugend & Volk, Wien/München, 1979.

Geher, Robert: Galgenvögel oder: Die im Dunkeln kriegt man nicht. Ungeklärte Kriminalfälle nach 1945 in Österreich, aus dem Nachlass herausgegeben von Manfred A. Schmid, Edition S / Verlag Österreich, Wien, 1994.

Hiess, Peter; Lunzer, Christian: Die Mordschwestern. Österreichische Mörderinnen, Verlag Austria Press Ges.m.b.H., Wien, 1992.

Kudrnofsky, Wolfgang: Gassner, Gufler & Co. Kriminalfälle der Zweiten Republik, Edition S / Verlag der Österreichischen Staatsdruckerei, Wien, 1991.

Kudrnofsky, Wolfgang: Schandl, Schubirsch & Co. Kriminalfälle der Zweiten Republik, Edition S / Verlag Österreich, Wien, 1994.

Kudrnofsky, Wolfgang: Vom Dritten Reich zum Dritten Mann. Helmut Qualtingers Welt der vierziger Jahre, Verlag Fritz Molden, Wien/München/Zürich, 1973.

ORF-Archiv, Horizonte, ‚I kann des net verstehen' – Der Fall Sassak (Moderation: Kurt Tozzer) 29. März 1972.

Schandl, Adolf; Gressl, Engelbert: Jailbreak. Nur nicht im Gefängnis sterben, PROverbis e.U., Wien, 2013.

Seyrl, Harald; Edelbacher, Max: Verbrechen in Wien. Historische Kriminalfälle im 20. Jahrhundert, Elsengold Verlag GmbH, Berlin, 2019.

Stastny, Friedrich: Offizielles Jahrbuch des Unterstützungsinstituts der Bundes-Sicherheitswache 1960, Unterstützungsinstitut der Bundes-Sicherheitswache, Wien, 1960.

Tozzer, Kurt; Kallinger, Günther: Tat-Sachen. Die spektakulärsten Kriminalfälle Österreichs, Verlag Carl Ueberreuter, Wien, 2005.

Vitecek, Leopold: Wörterbuch des Kriminaldienstes. Der Exekutivdienst Band 1: Nachschlagebehelfe für den allgemeinen Sicherheitsdienst, Verlag Brüder Hollinek, Wien 1965.

Zeppelzauer, Andreas; Zeppelzauer, Regina: Mord. Die spektakulärsten Mordfälle Österreichs: Psychogramme, Bilder und Berichte, V. F. Sammler, Graz, 2005.

Die erste Sendung von „Aktenzeichen XY ungelöst" in Österreich.
Thaddäus Podgorski im Wiener Studio Maxingstraße im Gespräch
mit Eduard Zimmermann am 15. März 1968.

# BILDNACHWEIS

# LIEBE LESER*INNEN,

wir sagen Danke, dass wir Sie auf Ihrer Lesereise begleiten durften. Viele weitere Abenteuer, aufregende Geschichten, unverwechselbare Geschenkideen finden Sie auf unserem Abenteuerspielplatz

**www.brandstaetterverlag.com**

Bleiben wir in Verbindung!
Wir freuen uns auf Ihre Anregungen, Wünsche und Kritiken.

**leserbrief@brandstaetterverlag.com**

Christian Brandstätter Verlag GmbH & Co KG
Wickenburggasse 26, 1080 Wien
Tel: +43 1 512 15 43-256
#tatortwien

ISBN 978-3-7106-0739-4

Designed in Austria, printed in Europe

Grafische Gestaltung: Johanna Kurz
Lektorat: Joe Rabl
Projektleitung: Judith E. Innerhofer

## WIR TRAGEN VERANTWORTUNG

Der Inhalt dieses Buchs wurde auf hochwertigem, FSC©-zertifiziertem Naturpapier gedruckt. Dieses Papier trägt darüber hinaus ein Zertifikat auf dem Cradle to Cradle Certified® Silver Level.

Das Forest Stewardship Council® ist eine internationale Nichtregierungsorganisation, die weltweit eine umweltfreundliche, sozial gerechte und wirtschaftlich tragfähige Bewirtschaftung der Wälder fördert. Cradle to Cradle® zielt auf ein ökologisch verträgliches Wirtschaften in sich wiederholenden Rohstoff-Produkt-Kreisläufen ab.

Für die Druckproduktion und Endfertigung wurde auf umweltfreundliche, ressourcenschonende und schadstofffreie Produktionsweisen und Materialien geachtet. Die Druckerei ist FSC© und PEFC™-zertifiziert, regelmäßige Audits erfolgen im Rahmen der internationalen Umweltmanagementnorm ISO 14001 (Nr. 35025/C/0001/UK/En).

Diese international anerkannten, unabhängigen und regelmäßig überprüften Standards gewährleisten eine umweltgerechte, sozial verträgliche, nachhaltige und ökonomisch tragfähige Nutzung entlang der gesamten Wertschöpfungskette Holz, vom Baum bis zum Buch.